~ 미래와 통하는 책 ~

동양북스 외국어 베스트 도서

700만 독자의 선택!

새로운 도서, 다양한 자료 동양북스 홈페이지에서 만나보세요!

www.dongyangbooks.com
m.dongyangbooks.com

※ 학습자료 및 MP3 제공 여부는 도서마다 상이하므로 확인 후 이용 바랍니다.

홈페이지 도서 자료실에서 학습자료 및 MP3 무료 다운로드

❶ 홈페이지 접속 후 도서 자료실 클릭
❷ 하단 검색 창에 검색어 입력
❸ MP3, 정답과 해설, 부가자료 등 첨부파일 다운로드
　* 원하는 자료가 없는 경우 '요청하기' 클릭!

* 반드시 '인터넷, Safari, Chrome' App을 이용하여 홈페이지에 접속해주세요. (네이버, 다음 App 이용 시 첨부파일의 확장자명이 변경되어 저장되는 오류가 발생할 수 있습니다.)

❶ 홈페이지 접속 후 ≡ 터치

❷ 도서 자료실 터치

❸ 하단 검색창에 검색어 입력
❹ MP3, 정답과 해설, 부가자료 등 첨부파일 다운로드
　* 압축 해제 방법은 '다운로드 Tip' 참고

초판 4쇄 발행 | 2025년 3월 15일

지은이 | 천성옥
발행인 | 김태웅
편　집 | 김현아, 최채은
마케팅 총괄 | 김철영
제　작 | 현대순
디자인 | 남은혜, 김지혜

발행처 | ㈜동양북스
등　록 | 제 2014-000055호
주　소 | 서울시 마포구 동교로22길 14 (04030)
구입문의 | 전화 (02)337-1737　팩스 (02)334-6624
내용문의 | 전화 (02)337-1762　dymg98@naver.com

ISBN 979-11-5703-165-8　13710

ⓒ 천성옥, 2015

　▶ 본 책은 저작권법에 의해 보호받는 저작물이므로 무단 전재와 복제를 금합니다.
　▶ 잘못된 책은 구입처에서 교환해드립니다.
　▶ ㈜동양북스에서는 소중한 원고, 새로운 기획을 기다리고 있습니다.
　　http://www.dongyangbooks.com

　이 도서의 국립중앙도서관 출판예정도서목록(CIP)은 서지정보유통지원시스템 홈페이지(http://seoji.nl.go.kr)와
　국가자료공동목록시스템(http://www.nl.go.kr/kolisnet)에서 이용하실 수 있습니다.
　(CIP제어번호:CIP2016000128)

머리말

      이 책은 동양북스의 『즐거운 한국어 문법 초급』에 이은 중급과 고급 단계의 독학용 문법 학습서이다. 교실에서 별도로 교사의 지도를 받지 않더라도 혼자 학습이 가능한 재미있고 쉬운 문법서를 목표로 하고 있다. 현행 한국어능력시험이 초급 대상인 TOPIK I 과 중·고급 대상인 TOPIK II 로 구분한 것에 맞추어 꼭 필요한 중·고급 단계의 필수 문법을 함께 묶어 수험 준비를 좀 더 수월하게 할 수 있게 하였다.

      최근 출간되는 대부분의 문법서들을 살펴보면 문법 사전 방식의 단순 나열 형태가 많아 학습자들이 쉽게 이해하면서 스스로 공부하기에는 다소 어려운 부분들이 있다. 따라서 초급에 이어 문법을 심화할 수 있는 가장 기본적이고 쉬운 문법서를 만들고자 노력하였다. 기존의 문법서처럼 단순하게 문법만 나열하지 않고 학습자가 스스로 공부할 수 있도록 함께 쓸 수 있는 표현과 문형들을 알기 쉽게 제시하였다. 여기에 중급과 고급의 필수 학습 문법을 구분하여 단계적으로 학습할 수 있도록 하였고 다양한 형태의 예문과 연습 문제를 첨가하였다. 특히 고급 단계의 연습문제는 한국어능력시험에서 출제되는 형태와 심화 학습이 가능하도록 차별화하여 수록하여 실제적 활용에서도 용이하도록 하였다. 이 책은 한국어 교수 현장에서 문법 학습서로도 활용할 수도 있지만 혼자서 한국어를 공부하는 학습자에게 더욱 필요한 문법서가 될 것이다.

      모쪼록 이 책이 한국어 문법을 어렵게 생각하는 많은 한국어 학습자들에게 쉬운 문법서로 다가가길 기대하며 중급과 고급 단계에서 성취감을 안겨 줄 수 있는 친절한 안내서가 되기를 바란다. 끝으로 한국어 교육에 대한 열정으로 좋은 한국어 교재를 만들기 위해 많은 노력을 기울이고 계신 동양북스의 모든 관계자분들께 감사의 말씀을 전하는 바이다.

저자 천성옥

Acknowledgement

This book is a self-study Korean grammar book at an intermediate and advanced level that follows the beginner level book "Fun Basic Korean Grammar" published by Dongyang Books. This newly published book intends to make Korean grammar fun and easy so that learners can self-study without any guidance of language instructors at a classroom-environment. As the Test of Proficiency in Korean (TOPIK) is divided into TOPIK I for beginners and TOPIK II for intermediate and advanced learners, this book compiles essential grammar points for learners of intermediate and advanced levels to help them prepare for the test easier.

Most of the Korean grammar books that have been recently published are simply arranging complicated grammar, taking the form of grammar dictionary, and as a result learners find it rather difficult to be self-taught. This book aims to produce the most fundamental and easiest grammar book to learn with more advanced contents following the book for beginners. It lays out diverse expressions and sentence patterns that learners can study and apply for themselves, far from simple arrangement of complicated grammar points in other grammar books. In addition, the book divides essential intermediate and advanced level grammar points for learners to study step by step, with the inclusion of diverse patterns of examples and exercises. What is more, differentiated exercises for the advanced level make it possible for learners to get used to typical patterns of TOPIK and in-depth study for themselves to help them engage in practical conversations. This book will be an excellent Korean language tool as a textbook for classroom environments, but it will be even more valuable for self-taught learners.

I wish that this book would serve as an easy grammar book for many of those who find Korean grammar difficult to learn, a good guidebook that makes them feel fulfilled at the intermediate and advanced level. Last but not least, I would like to thank all those in the publisher Dongyang Books for their efforts to turn their passion for Korean language education into making quality Korean language books.

알아두기

01 이 책은 한국어를 배우는 중·고급 학습자를 위한 독학용 문법서이다.

02 이 책은 한국어를 혼자 공부하는 학습자들이 한국어의 문법 형태와 의미를 정확하게 이해하고 손쉽게 한국어 문장을 만들 수 있도록 구성하였다.

03 이 책은 중급과 고급 단계에서 가장 필요한 문법 항목을 선정하여 단계적으로 학습이 가능하도록 하였다.

04 문법 항목은 기존의 한국어 교재에서 다루고 있는 문법 항목을 기본으로 하여 한국어능력시험Ⅱ에서 알아야 할 중급과 고급 단계의 공개 문법 목록을 참고로 선정하였다.

05 단순 나열 방식의 문법 구성이 아닌 관련 문법을 함께 사용할 수 있도록 묶어 여기에 적절한 대화문을 제시함으로써 실제적 활용이 가능하게 하였다.

06 문법 항목에 대한 기본적인 설명과 학습자가 편하게 이해할 수 있도록 번역을 첨가하였다.

07 각 항목마다 형태 변화와 활용법을 제시하여 해당 문법을 한 눈에 들어올 수 있도록 정리하였다.

08 각 문법마다 알아두어야 할 사항들을 첨가하여 유사 문법이나 예외 또는 주의 사항 등을 알기 쉽게 정리하였다.

09 활용 형태에 따라 각각의 예문을 제시하여 해당 문법의 의미를 정확하게 파악할 수 있게 하였고 문법을 활용하여 문장을 만들기 쉽게 안내하고 있다.

10 연습문제는 단계별로 제시하여 단순 형태 연습에서부터 TOPIK 형태의 연습문제까지 접해 봄으로써 문법 능력을 점점 심화시킬 수 있게 하였다.

11 연습문제에 대한 '모범 답안'을 제시하여 학습자가 혼자 공부하는 데에 불편함이 없도록 하였다.

Before we begin

01 This book is a self-study Korean grammar book for intermediate and advanced level learners.

02 This book helps self-taught learners to gain a correct understanding of grammatical forms and meanings and make sentences by themselves without difficulty.

03 This book selected most essential points in grammar at the intermediate and advanced levels to enable them a step-by-step learning.

04 The items of grammar were selected based on the grammar items included in the existing Korean grammar text book and the list of grammar to learn at the intermediate and advanced levels open to the public for taking TOPIK Ⅱ.

05 This book compiles grammar points with suitable examples of conversation to help learners engaging in actual situations, far from simply arranging a series of grammatical points.

06 In this book, translation is added to the basic explanation of grammar items to facilitate learners' understanding.

07 There is an illustration of the change of grammatical forms and usage in every item so that learners can view the main points of the grammar at a glance.

08 Some matters that need to be known including transformational-generative grammar, exceptions and cautions are included for each grammar point.

09 Examples are presented for each form of usage for learners to have a clear sense of the meaning of grammar points and give easy guidance to help them make their own sentences out of the target grammar point.

10 Exercises are presented by stages from simple forms to the patterns of TOPIK to help learners to gradually advance their grammar skills.

11 The answer sheet for the exercises is provided so that learners can find it easy to be self-taught.

찾아보기

	문법	쪽
1	-거니와	167
2	-거든요	24
3	-거들랑	163
4	-건 -건	165
5	-게 마련이다	86
6	-게 하다	87
7	-고 말다	107
8	-고자	21
9	-곤 하다	75
10	-기 그지없다	170
11	-기 나름이다	174
12	-기 십상이다	172
13	-기 일쑤이다	177
14	-기 짝이 없다	179
15	-기는 하지만	17
16	-기는 해도	156
17	-기는요	68
18	-기는커녕	152
19	-기로서니	181
20	-기만 하다	142
21	-기보다는	121
22	-기(에) 망정이지	184
23	-나 보다	135
24	-냐고 하다	40
25	-느니	186
26	-느니만큼	188
27	-느라고	63
28	-는 가운데	191
29	-는 건 차치하고	193
30	-는 까닭에	195
31	-는 대로	51
32	-는 대신(에)	140

	문법	쪽
33	-는 데다가	19
34	-는 둥 마는 둥	207
35	-는 듯이	209
36	-는 마당에	212
37	-는 만큼	149
38	는 물론이고	214
39	-는 바	216
40	-는 바람에	138
41	-는 반면에	219
42	-는 셈치고	223
43	-는 척하다	154
44	-는 탓에	226
45	-는 터라	228
46	-는 통에	230
47	-는 판이다	233
48	-는 편이다	47
49	-는 한	235
50	-는 한이 있더라도	237
51	-는 한편	240
52	-는다(고) 치고	200
53	-는다고 하다	38
54	-다면	119
55	-는다면서요?	110
56	-는다면야	202
57	-는답시고	198
58	-는댔자	205
59	-는지라	221
60	-다 못해	242
61	-다 보니(까)	103
62	-다가는	105
63	-다시피	244
64	-더니	117

	문법	쪽
65	-더라고요	31
66	-더라도	93
67	-더라면	128
68	-던 차에	247
69	-던데요	131
70	-도록 하다	26
71	-되	249
72	-든 -든	126
73	만 해도	56
74	-어 버리다	79
75	-어 봤자	114
76	-어서야	251
77	-어야지요	70
78	-었다 하면	77
79	-었더니	133
80	-었을 텐데	91
81	에도 불구하고	254
82	-으나마	258
83	-으라고 하다	42
84	-으랴 -으랴	256
85	-으랴마는	261
86	-으려다가	98
87	-으려던 참이다	100
88	-으련마는	263
89	으로 말미암아	265
90	으로 미루어	331
91	으로 하여금	268
92	-으리라(고)	272
93	-으리만치	270
94	-으면 그만이다	275
95	-으면 몰라도	277
96	-으므로	279
97	은 고사하고	282
98	-은 나머지	284
99	-은 채로	296
100	-은들	298

	문법	쪽
101	-을 걸 그랬어요	33
102	-을 겸	124
103	-을 듯하다	289
104	-을 따름이다	300
105	-을 리가 없다	147
106	을 막론하고	291
107	-을 만하다	35
108	을 무릅쓰고	293
109	-을 바에야	303
110	-을 법하다	305
111	-을 뻔하다	58
112	-을 뿐(만) 아니라	145
113	-을 수밖에 없다	112
114	-을 여지가 없다	307
115	-을 정도	49
116	-을 지경이다	310
117	-을 턱이 없다	312
118	-을 테니까	28
119	-을 텐데	65
120	-을까 봐	54
121	-을까마는	286
122	-을라치면	314
123	-을락 말락하다	317
124	-을망정	319
125	-을세라	321
126	-을수록	72
127	-을지라도	324
128	-을지언정	326
129	-을진대	328
130	-음에 따라(서)	333
131	-이/히/리/기-	89
132	-이/히/리/기/우/추-	82
133	-자고 하다	44
134	-자니	335
135	-자마자	96
136	-잖아요	61

차례 >>> 중급

	제목	학습 문법	
01	맵기는 하지만 맛있어요	-기는 하지만	17
		-는 데다가	19
		-고자	21
02	아직 일이 남았거든요	-거든요	24
		-도록 하다	26
		-을 테니까	28
03	연극을 봤는데 재미있더라고요	-더라고요	31
		-을걸 그랬어요	33
		-을 만하다	35
04	수진 씨가 아프다고 해요	-는다고 하다	38
		-냐고 하다	40
		-으라고 하다	42
		-자고 하다	44
05	성격이 활발한 편이에요	-는 편이다	47
		-을 정도	49
		-는 대로	51
06	약속 시간에 늦을까 봐 택시를 탔어요	-을까 봐	54
		만 해도	56
		-을 뻔하다	58
07	일을 하고 오느라고 늦었어요	-잖아요	61
		-느라고	63
		-을 텐데	65
08	공부할수록 재미있어요	-기는요	68
		-어야지요	70
		-을수록	72
09	노래방에 가서 자주 부르곤 했어요	-곤 하다	75
		-었다 하면	77
		-어 버리다	79

10	어머니가 가족들을 깨우셨어요	-이/히/리/기/우/추- (사동)	82
		-게 하다	84
		-게 마련이다	86
11	집에 가니까 문이 열려 있었어요	-이/히/리/기- (피동)	89
		-었을 텐데	91
		-더라도	93
12	지금 쉬려던 참이었어요	-자마자	96
		-으려다가	98
		-으려던 참이다	100
13	무리하다가는 건강을 해치고 말 거예요	-다 보니(까)	103
		-다가는	105
		-고 말다	107
14	지금 가 봤자 늦어서 안 돼요	-는다면서요?	110
		-을 수밖에 없다	112
		-어 봤자	114
15	아침에는 맑더니 갑자기 비가 와요	-더니	117
		-다면	119
		-기보다는	121
16	다른 사람에게 주든지 하는 게 어때요	-을 겸	124
		-든 -든	126
		-더라면	128
17	싫은 소리를 했더니 화가 났나 봐요	-던데요	131
		-었더니	133
		-나 보다	135
18	늦잠을 자는 바람에 좀 늦었어요	-는 바람에	138
		-는 대신(에)	140
		-기만 하다	142
19	칭찬을 받는 만큼 더 잘해야 해요	-을 뿐(만) 아니라	145
		-을 리가 없다	147
		-는 만큼	149
20	인사를 하기는커녕 못 본 척했어요	-기는커녕	152
		-는 척하다	154
		-기는 해도	156

차례 >>> 고급

	제목	학습 문법	
01	시장에 가거들랑 과일 좀 사다 주세요	-거들랑	163
		-건 -건	165
		-거니와	167
02	사고가 나기 십상이에요	-기 그지없다	170
		-기 십상이다	172
		-기 나름이다	174
03	매일 지각하기 일쑤예요	-기 일쑤이다	177
		-기 짝이 없다	179
		-기로서니	181
04	알아보고 왔기 망정이지 바가지를 쓸 뻔 했어요	-기(에) 망정이지	184
		-느니	186
		-느니만큼	188
05	모두 지켜보는 가운데 발표회가 열렸어요	-는 가운데	191
		-는 건 차치하고	193
		-는 까닭에	195
06	아이를 위한답시고 너무 예의 없이 키워요	-는답시고	198
		-는다(고) 치고	200
		-는다면야	202
07	자는 둥 마는 둥 했더니 피곤해요	-는댔자	205
		-는 둥 마는 둥	207
		-는 듯이	209
08	종일 굶은 마당에 맛없는 게 있겠어요?	-는 마당에	212
		는 물론이고	214
		-는 바	216
09	속는 셈치고 한번 드셔 보세요	-는 반면에	219
		-는지라	221
		-는 셈치고	223

10	성격이 급한 탓에 실수를 많이 하는 편이에요	-는 탓에	226
		-는 터라	228
		-는 통에	230
11	포기하지 않는 한 방법이 있을 거예요	-는 판이다	233
		-는 한	235
		-는 한이 있더라도	237
12	피자 두 판을 다 먹다시피 했어요	-는 한편	240
		-다 못해	242
		-다시피	244
13	1인분만 먹어서야 배가 부르겠어요?	-던 차에	247
		-되	249
		-어서야	251
14	부모님 반대에도 불구하고 유학을 왔어요	에도 불구하고	254
		-으랴 -으랴	256
		-으나마	258
15	날씨가 맑으면 좋으련마는 비가 오네요	-으랴마는	261
		-으련마는	263
		으로 말미암아	265
16	놀라우리만치 과학이 발전하고 있어요	으로 하여금	268
		-으리만치	270
		-으리라(고)	272
17	자기만 좋으면 그만이에요	-으면 그만이다	275
		-으면 몰라도	277
		-으므로	279
18	휴가는 고사하고 주말에도 못 쉬어요	은 고사하고	282
		-은 나머지	284
		-을까마는	286
19	오후에 비가 올 듯하니 우산을 챙기세요	-을 듯하다	289
		을 막론하고	291
		을 무릅쓰고	293
20	지나고 후회한들 무슨 소용이 있어요?	-은 채로	296
		-은들	298
		-을 따름이다	300

21	재미없는 영화를 볼 바에야 그냥 쉴래요	-을 바에야	303
		-을 법하다	305
		-을 여지가 없다	307
22	공부만 할라치면 잠이 와요	-을 지경이다	310
		-을 턱이 없다	312
		-을라치면	314
23	오래 전의 일이라 기억이 날락 말락 해요	-을락 말락 하다	317
		-을망정	319
		-을세라	321
24	걸어서 갈지언정 돈을 빌리지 않겠어요	-을지라도	324
		-을지언정	326
		-을진대	328
25	안 입는 옷을 버리자니 좀 아깝네요	으로 미루어	331
		-음에 따라(서)	333
		-자니	335

연습문제 정답   338

01 맵기는 하지만 맛있어요

학습 문법	1. −기는 하지만 2. −는 데다가 3. −고자

이렇게 말해요!

가: 한국 음식이 좀 맵지요?

나: 네, 좀 **맵기는 하지만** 종류도 **다양한 데다가** 맛도 좋아서 이제는 자주 먹어요.

가: 한국어는 왜 배워요?

나: 한국의 대학에서 **공부하고자** 한국어를 배웁니다.

문법 예문

1 −기는 하지만

이 옷이 마음에 들기는 하지만 너무 비싸요.

2 −는 데다가

열이 나는 데다가 기침도 많이 해요.

3 −고자

환경을 보호하고자 일회용품을 쓰지 않습니다.

1 -기는 하지만

★ 앞의 내용을 반대하지는 않지만 뒤에서 다른 의견을 말함.
It means you are not in opposition to the preceding words but have a different opinion.

활용 형태

동사 형용사	현재	-기는 하지만
	과거	-기는 했지만
(명사)이다		(이)기는 하지만

활용 예문

- 커피를 마시기는 하지만 별로 좋아하지 않아요.
- 눈이 와서 좋기는 하지만 길이 너무 미끄러워요.
- 방이 깨끗하기는 하지만 좀 좁아요.
- 밥을 먹기는 했지만 아직 배가 고파요.
- 가방이 예쁘기는 했지만 비싸서 못 샀어요.
- 한국 사람이기는 하지만 매운 음식을 잘 못 먹어요.

연습1

1 고기를 (　　　　) 좋아하지는 않아요.
   ① 먹어서　　　　　　　　② 먹으면
   ③ 먹기는 하지만　　　　　④ 먹을 수 없어도

2 가: 전에 살던 집이 좋았는데 왜 이사를 했어요?
   나: 그 집이 (　　　　) 교통이 좀 불편했어요.
   ① 좋고　　　　　　　　　② 좋아도
   ③ 좋으니까　　　　　　　④ 좋기는 했지만

연습2

1 가: 떡볶이가 맵지 않아요?
   나: _____ 맛있어요.

2 가: 휴대폰으로 영화를 많이 보세요?
   나: _____ 화면이 작아서 좀 불편해요.

3 가: 약을 먹을 때 주스를 마셔도 돼요?
   나: _____ 물을 마시는 게 더 좋아요.

4 가: 스키를 탈 줄 알아요?
   나: _____ 자주 타지는 않아요.

5 가: 한국 노래를 알아요?
   나: _____ 잘 부르지는 못해요.

2 -는 데다가

★ 앞의 내용에 뒤의 내용이 더해짐.
It means other words are added to the preceding words.

활용 형태

동사	현재	-는 데다가
	과거	-(으)ㄴ 데다가
형용사		-(으)ㄴ 데다가
(명사)이다		인 데다가

활용 예문

- 비가 오는 데다가 바람도 불어서 추워요.
- 그 식당은 음식이 맛있는 데다가 주인도 친절해요.
- 밥을 많이 먹은 데다가 과일까지 먹어서 배가 불러요.
- 제 친구는 성격이 좋은 데다가 얼굴도 예뻐서 인기가 많아요.
- 지하철은 빠른 데다가 편리해서 많은 사람들이 타요.
- 오늘이 토요일인 데다가 날씨도 좋아서 공원에 사람들이 많네요.

※ '-을뿐만 아니라'와 의미 차이 없이 바꿔 쓸 수 있다.
- 비가 오는 데다가 바람도 불어서 추워요.
- 비가 올 뿐만 아니라 바람도 불어서 추워요.

연습1

1 제주도는 경치도 (   ) 음식도 맛있어서 외국인들에게도 인기가 많아요.

　① 아름다워도　　　　　　　② 아름답긴 하지만

　③ 아름답기는 해도　　　　　④ 아름다운 데다가

2 가: 왜 오늘은 집에 있어요?

　나: 눈도 많이 (   ) 날씨도 추워서요.

　① 내리거든　　　　　　　　② 내린 김에

　③ 내린 데다가　　　　　　　④ 내리기는 하지만

연습2

1 가: 그 식당은 어때요?

　나: 음식 맛도 _____ 종업원들도 친절해요.

2 가: 그 영화 재미있어요?

　나: 네, _____ 아주 감동적이에요.

3 가: 영수 씨 고향은 어때요?

　나: 경치가 _____ 음식도 맛있어요.

4 가: 왜 방학 때 고향에 안 갔어요?

　나: 과제도 _____ 아르바이트도 해야 해서 못 갔어요.

5 가: 새로 이사 간 집은 마음에 들어요?

　나: 네, 교통도 _____ 집도 깨끗해서 정말 마음에 들어요.

3 -고자

★ 목적이나 의도를 나타냄.
　　It indicates a purpose or intention.

활용 형태

동사	-고자

활용 예문

- 한국 문화에 대해 더 알아보고자 유학을 왔습니다.
- 국민 여러분께 사과의 말씀을 드리고자 합니다.
- 지금부터 다음 회의 주제에 대해 논의하고자 합니다.
- 건강해지고자 적게 먹고 운동도 열심히 하고 있습니다.
- 살아있는 한국어를 배우고자 한국으로 유학을 왔습니다.
- 좀 더 많은 사람들을 만나고자 이 모임에 나왔습니다.

※ 목적이나 의도를 나타내는 표현으로 '-려고'는 개인적인 일에, '-고자'는 주로 발표나 연설 등 공식적인 자리에서 많이 쓴다.
　• 이번 주말에 영화를 보려고 해요.
　• 저는 오늘 여러분께 감사 인사를 드리고자 이 자리에 섰습니다.

연습1

1 직원 여러분들의 건강을 (　　　　) 건강 검진을 실시합니다.
   ① 지키고　　　　　　　② 지키면서
   ③ 지키고자　　　　　　④ 지킬 수 있지만

2 가: 왜 한국에 왔어요?
   나: 한국 문화를 (　　　　) 한국에 왔습니다.
   ① 배워서　　　　　　　② 배우면
   ③ 배워도　　　　　　　④ 배우고자

연습2

1 가: 돈을 모으는 이유가 뭐예요?
   나: 차를 _____ 돈을 모읍니다.

2 가: 왜 매일 운동을 합니까?
   나: 살을 _____ 매일 운동을 합니다.

3 가: 왜 선글라스를 쓰세요?
   나: 눈을 _____ 선글라스를 씁니다.

4 가: 왜 아르바이트를 하려고 하십니까?
   나: 등록금을 _____ 아르바이트를 합니다.

5 가: 왜 춤을 배우세요?
   나: 인생을 즐겁게 _____ 춤을 배웁니다.

02 아직 일이 남았거든요

학습 문법	1. –거든요 2. –도록 하다 3. –을 테니까

이렇게 말해요!

가: 수지 씨, 오늘 회식인데 참석할 수 있어요?

나: 어떡하지요? 아직 일이 **남았거든요**.

가: 그럼 먼저 **가 있을 테니까** 빨리 끝내고 **오도록 하세요**.

나: 네, 알겠습니다.

문법 예문

1 –거든요

가: 민수 씨는 왜 항상 저 가게만 가요?
나: 저 가게의 물건이 좋은 데다가 싸거든요.

2 –도록 하다

이번 주말까지 일을 끝내도록 하세요.

3 –을 테니까

민수 씨는 지금 사무실에 있을 테니까 전화해 보세요. (추측)
내가 청소를 할 테니까 너는 설거지를 해라. (의지)

1 -거든요

★ 앞에서 말하거나 물어 본 내용에 대해 그 이유나 생각 등을 말할 때 씀.
It is used to state the reason of or opinion on the following the words you have said or questions you have received.

활용 형태

동사 형용사	현재	-거든요
	과거	-았/었/였거든요
(명사)이다	현재	(이)거든요
	과거	이었/였거든요

활용 예문

● 가: 지수 씨, 오늘 좀 피곤해 보여요.
  나: 일이 많아서 어제 밤을 새웠거든요.
● 가: 왜 그 식당에 자주 가세요?
  나: 음식 맛도 좋고 사장님도 친절하시거든요.
● 가: 지금 통화할 수 있어요?
  나: 죄송해요. 지금 수업 중이거든요. 이따가 제가 전화 드릴게요.
● 가: 영현 씨가 탁구를 정말 잘 치네요.
  나: 네, 맞아요. 영현 씨가 학교 다닐 때 탁구 선수였거든요.

※ 보통 상대방의 말에 대한 대답으로 쓰는 표현이다.

연습1

1 우리나라는 겨울에 눈이 많이 와서 (   ).
　① 춥거든요　　　　　　　② 춥고 있어요
　③ 춥기로 해요　　　　　　④ 추울 거예요

2 가: 왜 그렇게 음식을 많이 만들어요?
　나: 내일 제 생일이라 친구들을 (   ).
　① 초대하기는요　　　　　② 초대했거든요
　③ 초대할 수 있어요　　　④ 초대했으면 좋겠어요

연습2

1 가: 왜 아직도 퇴근을 안 했어요?
　나: 내일 회의 자료 준비가 아직 안 _____.

2 가: 무슨 좋은 일이 있어요? 기분이 좋아 보여요.
　나: 시험을 잘 _____.

3 가: 같이 저녁 먹으러 갑시다.
　나: 미안해요. 집에 일이 있어서 일찍 _____.

4 가: 왜 그렇게 안 먹어요? 음식이 맛이 없어요?
　나: 아니요, 조금 전에 간식을 _____.

5 가: 왜 시장을 자주 가세요?
　나: 채소나 과일은 전통시장이 더 _____.

2 -도록 하다

★ 다른 사람에게 어떤 일을 하게 하거나 자신의 의지를 나타냄.
It means you let another person do the job, or show your determination.

 활용 형태

동사	-도록 하다

활용 예문

- 물을 많이 마시도록 하세요.
- 내일 아침 9시까지 오도록 하세요.
- 음식을 남기지 않도록 하세요.
- 아침에 일찍 일어나도록 하세요.
- 오늘은 일찍 퇴근하도록 하세요.
- 다시는 이런 실수를 하지 않도록 하겠습니다. (의지)

※ 듣는 사람이 아닌 다른 사람에게 어떤 행동을 시킬 때는 '-게 하다'로 쓸 수 있다.
- 아기에게 물을 많이 마시도록 하세요.
- 아기에게 물을 많이 마시게 하세요.

연습1

1 이번 주말까지 일을 (　　　　) 하겠습니다.
　① 마치니까　　　　　② 마치도록
　③ 마치면서　　　　　④ 마치고자

2 가: 배탈이 났는데 무엇을 먹으면 안 돼요?
　나: 차가운 음식이나 아이스크림은 (　　　　) 하세요.
　① 먹거나　　　　　② 먹기는
　③ 먹는 데다가　　　④ 먹지 않도록

연습2

1 가: 이 보고서는 언제까지 제출해야 합니까?
　나: 내일 아침 10시까지 ＿＿＿＿＿＿＿＿＿＿＿＿.

2 다음 주 워크숍 일정을 어떻게 알리면 좋을까요?
　나: 전 직원들에게 메일로 ＿＿＿＿＿＿＿＿＿＿＿＿.

3 가: 죄송합니다. 다음에는 여기에 주차하지 않겠습니다.
　나: 네, 다음부터는 ＿＿＿＿＿＿＿＿＿＿＿＿.

4 가: 다시는 이런 일이 있으면 안 됩니다.
　나: 네, 다시는 이런 일이 ＿＿＿＿＿＿＿＿＿＿＿＿.

5 가: 이번 토요일에 저희 집에서 집들이를 하니까 꼭 오세요.
　나: 알겠어요. 꼭 ＿＿＿＿＿＿＿＿＿＿＿＿.

3. -을 테니까

★ 뒤에 오는 내용의 조건이 되며 강한 추측이나 말하는 사람의 의지를 나타냄.
It works as a condition of the following words and shows the strong assumption or determination of the speaker.

활용 형태

동사 형용사	현재	-(으)ㄹ 테니까
	과거	-았/었/였을 테니까
(명사)이다	현재	일 테니까
	과거	이었/였을 테니까

활용 예문

- 오후에 비가 올 테니까 우산을 가지고 가세요. (추측)
- 날씨가 아주 더울 테니까 반바지를 입어야겠어요. (추측)
- 시험 준비로 힘들었을 테니까 오늘은 푹 쉬세요. (추측)
- 은주 씨가 그때는 학생이었을 테니까 회사 생활을 잘 몰랐을 거예요. (추측)
- 제가 과일을 씻을 테니까 민아 씨는 식탁을 정리해 주세요. (의지)
- 여기서 기다릴 테니까 빨리 다녀오세요. (의지)

연습1

1. 내일 눈이 오면 길이 (　　　　) 운동화를 신어야겠어요.

   ① 미끄럽지만　　　　② 미끄러워도

   ③ 미끄러울 테니까　　④ 미끄럽지 않다면

2. 가: 내일 친구들이 집에 오는데 걱정이에요.

   나: 제가 음식을 (　　　　) 수진 씨는 와인을 준비하세요.

   ① 만들 테니까　　　② 만들어 보고

   ③ 만들기 위해서　　④ 만들기 때문에

연습2

1. 가: 오늘 날씨가 아주 ＿＿＿＿＿＿＿＿ 따뜻한 옷을 입으세요.

   나: 네, 알았어요.

2. 가: 저는 튀김을 먹을래요.

   나: 너무 기름진 음식을 많이 먹으면 ＿＿＿＿＿＿＿＿ 조금만 드세요.

3. 가: 어디 가세요?

   나: 제가 약속을 안 지켜서 친구가 화가 ＿＿＿＿＿＿＿＿ 저녁을 사려고요.

4. 가: 이 이야기는 비밀이니까 아무한테도 말하면 안 돼요.

   나: 비밀을 ＿＿＿＿＿＿＿＿ 너무 걱정하지 마세요.

5. 가: 결혼한다면서요? 축하해요.

   나: 감사합니다. 청첩장을 ＿＿＿＿＿＿＿＿ 결혼식에 꼭 오세요.

03 연극을 봤는데 재미있더라고요

| 학습 문법 | 1. –더라고요
2. –을 걸 그랬어요
3. –을 만하다 |

이렇게 말해요!

가: 마이클 씨는 주말에 뭐 했어요?
나: 친구와 연극을 봤는데 **재미있더라고요**.
가: 그래요? 저도 연극을 **볼 걸 그랬어요**.
나: 네, 시간이 되면 꼭 보세요. 정말 **볼 만해요**.

문법 예문

1 –더라고요
 백화점에 가니까 사람이 정말 많더라고요.

2 –을 걸 그랬어요
 좀 더 열심히 공부할 걸 그랬어요.

3 –을 만하다
 어제 본 영화가 아주 볼 만했어요.

1 -더라고요

★ 과거에 직접 경험하거나 알게 된 사실을 다른 사람에게 전달할 때 씀.
It is used to deliver the fact you experienced yourself in the past or came to know to another person.

활용 형태

동사 형용사	현재	-더라고요
	과거	-았/었/였더라고요
(명사)이다		(이)더라고요

활용 예문

- 재민 씨는 한국 사람이지만 매운 음식을 못 먹더라고요.
- 앨리스 씨는 아까 수지 씨하고 도서관에 가더라고요.
- 기차표를 사러 갔는데 벌써 다 팔렸더라고요.
- 소연 씨 남자 친구를 봤는데 키가 크더라고요.
- 우리 집 앞에 주차한 차는 옆집 차더라고요.
- 어제 은주 씨와 같이 식사를 한 사람은 남동생이더라고요.

 ※ 친구나 친한 사이에서 반말로 할 때는 '-더라'를 쓴다.
  • 재민 씨는 한국 사람이지만 매운 음식을 못 먹더라.

연습1

1. 어제 시장에 갔는데 과일이 신선하고 (   ).
   ① 싸니까요   ② 싸더라고요
   ③ 싸고 있어요   ④ 싸면 좋겠어요

2. 가: 등산은 재미있었어요?
   나: 네, 그런데 산이 높아서 좀 (   ).
   ① 힘들기는요   ② 힘들거든요
   ③ 힘들더라고요   ④ 힘들도록 해요

연습2

1. 가: 휴대폰으로 쇼핑을 하는 사람이 많아요?
   나: 네, 요즘은 정말 _____.

2. 가: 아침에 지하철로 출근하는 게 어때요?
   나: 사람이 너무 많아서 _____.

3. 가: 늦어서 죄송해요.
   나: 괜찮아요. 저도 올 때 길이 많이 _____.

4. 가: 회사 앞에 새로 생긴 식당에 가 보셨어요?
   나: 네, 어제 갔는데 아주 친절하고 음식 맛도 _____.

5. 가: 운전면허 시험은 잘 보셨어요?
   나: 생각보다 _____.

2 -을 걸 그랬어요

★ 지난 일의 후회를 나타냄.
It is used to regret what was done in the past.

활용 형태

동사	-(으)ㄹ 걸 그랬어요

활용 예문

- 치마가 짧아서 불편해요. 바지를 입을 걸 그랬어요.
- 아까 점심을 먹었는데 또 배가 고파요. 좀 많이 먹을 걸 그랬어요.
- 그 콘서트를 못 봐서 아쉬워요. 친구가 가자고 할 때 같이 갈 걸 그랬어요.
- 어제 본 영화가 너무 재미없었어요. 다른 영화를 볼 걸 그랬어요.
- 그 사람을 사랑한다고 말을 할 걸 그랬어요.
- 전화번호가 생각이 나지 않아요. 메모를 해 둘 걸 그랬어요.

※ 반대의 표현을 써서 '-지 말 걸 그랬다'로 쓸 수도 있다.
- 치마를 입지 말 걸 그랬어요.

연습1

1 이렇게 맛있는 저녁을 먹을 줄 알았으면 아까 간식을 (   ).
   ① 먹을까 해요   ② 먹지 않았어요
   ③ 먹으면 좋겠어요   ④ 먹지 말 걸 그랬어요

2 가: 어제 동창회가 정말 재미있었는데 왜 안 나왔어요?
   나: 그래요? 그럴 줄 알았으면 (   ).
   ① 나가려고 했어요   ② 나갔다고 했어요
   ③ 나갈 걸 그랬어요   ④ 나간 적이 없어요

연습2

1 돈을 아껴 쓰지 않아서 생활비가 없어요.
   → 돈을 _____.

2 높은 구두를 신어서 발이 너무 아파요.
   → 운동화를 _____.

3 공부를 안 해서 시험을 못 봤어요.
   → 공부를 열심히 _____.

4 아침에 늦게 일어나서 지각을 했어요.
   → 어제 일찍 _____.

5 내가 화를 내서 친구와 싸웠어요.
   → 화를 내지 _____.

3　-을 만하다

★ 어떤 동작이나 상태가 가치가 있음을 나타냄.
　　It indicates that an action or condition is valuable.

 활용 형태

동사	-(으)ㄹ 만하다

활용 예문

- 김 선생님은 믿을 만한 분이에요.
- 그 영화는 오래된 영화이지만 정말 볼 만해요.
- 이 식당 삼계탕이 아주 먹을 만해요.
- 한강 유람선이 정말 멋지더라고요. 한번 타 볼 만 해요.
- 이 책은 한국 문화에 대해서 쉽게 설명하고 있어서 읽을 만해요.
- 요즘 유행하는 노래 중에서 들을 만한 것 좀 추천해 주세요.

※ 그런 일이 일어날 수 있는 충분한 이유가 있음을 나타낼 때도 쓴다.
　• 그 분은 늘 봉사활동을 열심히 하시기 때문에 상을 받을 만 해요.
　• 지은 지 오래된 집이지만 아직 깨끗해서 살 만해요.

연습1

1 그동안 노력을 많이 했으니까 이번 경기는 (　　　　).
   ① 해 보았어요　　　　　② 해 볼 만해요
   ③ 해 볼 수 없어요　　　④ 해 보려고 해요

2 가: 왜 이렇게 오래된 카메라를 아직도 써요?
   나: 오래되었지만 사진이 잘 나와서 아직 (　　　　).
   ① 쓸 만 해요　　　　　② 쓰지 못해요
   ③ 쓸 것 같아요　　　　④ 쓴 적이 없어요

연습2

1 가: 이번 연휴에 어디에 가면 좋을까요?
   나: 요즘 단풍이 아름다워서 설악산이 ＿＿＿＿＿＿＿＿＿＿.

2 가: 손님 초대 음식이 어땠어요?
   나: 다양한 한국 음식이 많아서 아주 ＿＿＿＿＿＿＿＿＿＿.

3 가: 왜 클래식 음악 CD를 샀어요?
   나: 클래식 음악을 들으면 마음이 편안해져서 공부하면서 ＿＿＿＿＿＿＿＿＿＿.

4 가: 그런 중요한 얘기를 왜 그 사람한테 했어요?
   나: 걱정하지 마세요. 그 사람은 ＿＿＿＿＿＿＿＿＿＿.

5 가: 이렇게 어려운 요리도 잘 하시네요.
   나: 요리책을 보고 하니까 ＿＿＿＿＿＿＿＿＿＿.

04 수진 씨가 아프다고 해요

학습 문법	1. –는다고 하다 2. –냐고 하다 3. –으라고 하다 4. –자고 하다

이렇게 말해요!

가: 수진 씨가 학교에 안 왔는데 무슨 일 있어요?
나: 아침에 전화가 왔는데 수진 씨가 몸이 아파서 병원에 **있다고 했어요**.
가: 그래요? 얼마나 아픈지 물어 봤어요?
나: 네, 어디가 얼마나 **아프냐고 하니까** 대답을 못하더라고요.

 문법 예문

1   –는다고 하다
    일본 사람들은 생선을 많이 먹는다고 해요.

2   –냐고 하다
    친구가 언제부터 시험이냐고 해요.

3   –으라고 하다
    선생님이 다음 주까지 숙제를 내라고 하셨어요.

4   –자고 하다
    동생이 놀이공원에 가자고 해요.

1 -는다고 하다

★ 다른 사람에게서 들은 내용을 전달할 때 씀.
It is used to deliver what was heard from another person.

활용 형태

현재	동사	-는다고 하다
	형용사	-다고 하다
	(명사)이다	(이)라고 하다
과거	동사	-았/었/였다고 하다
	형용사	
	(명사)이다	이었/였다고 하다
미래	동사	-을 거라고 하다
	형용사(추측)	
	(명사)이다(추측)	일 거라고 하다

활용 예문

- 한국 사람들은 매운 음식을 잘 먹는다고 해요.
- 머리를 자르니까 사람들이 예쁘다고 해요.
- 수지 씨 어머니는 선생님이라고 해요.
- 영수 씨는 휴가 때 집에서 쉬었다고 해요/했어요.
- 친구가 어제 아파서 학교에 못 왔다고 해요/했어요.
- 미영 씨는 예전에 선생님이었다고 해요/했어요.
- 부모님이 내일 오실 거라고 해요.

연습1

1 민수 씨는 은행에서 (   ) 해요.

　① 일하면서　　　　　② 일한다고

　③ 일하지만　　　　　④ 일하다가

2 가: 한국의 바다는 어디가 아름다워요?

　나: 사람들은 동해가 (   ) 해요.

　① 아름다워서　　　　② 아름다우면

　③ 아름답도록　　　　④ 아름답다고

연습2

1 마리: 저는 회사원이에요.

　　　　저는 한국 회사에 다녀요.

　　　　저는 회사 생활이 정말 재미있어요.

　→ 마리 씨는 _____.

　　 마리 씨는 _____.

　　 마리 씨는 _____.

2 나미: 저는 작년부터 한국어를 공부했어요.

　　　　다음 달에 한국어능력시험을 볼 거예요.

　→ 나미 씨는 작년부터 한국어를 _____.

　　 나미 씨는 다음 달에 한국어능력시험을 _____.

3 미연: 지난여름에 혼자서 유럽 여행을 다녀왔어요.

　　　　내년에 호주로 여행을 갈 거예요.

　→ 미연 씨는 지난여름에 혼자서 유럽 여행을 _____.

　　 미연 씨는 내년에 호주로 여행을 _____.

2 -냐고 하다

★ 다른 사람이 질문한 것을 전달할 때 씀.
It is used to deliver what was asked by another person.

활용 형태

현재	동사	-냐고 하다
	형용사	
	(명사)이다	(이)냐고 하다
과거	동사	-았/었/였냐고 하다
	형용사	
	(명사)이다	이었/였냐고 하다
미래	동사	-(으)ㄹ 거냐고 하다
	형용사(추측)	-
	(명사)이다(추측)	-

활용 예문

- 다니엘 씨가 저한테 오늘 파티에 가냐고 했어요/물었어요.
- 민지 씨가 저한테 오늘도 바쁘냐고 했어요.
- 마리 씨가 저한테 어느 나라 사람이냐고 했어요.
- 다니엘 씨가 저한테 어제 파티에 갔냐고 했어요.
- 민지 씨가 저한테 어제도 바빴냐고 했어요.
- 마리 씨가 내일 같이 밥을 먹을 거냐고 했어요.

연습1

1 영수 씨가 나에게 언제 (   ) 물었어요.

① 오지만   ② 온다고

③ 올 거냐고   ④ 올 테니까

2 가: 수지 씨가 마리 씨한테 뭘 물어봤어요?

   나: 지금 어디에 (   ) 했어요.

① 사냐고   ② 살면서

③ 산다고   ④ 살다가

연습2

1 제인 : 언제 시험이 있어요?

   → 제인 씨가 나에게 _____.

2 도영 : 주말에 뭐 할 거예요?

   → 도영 씨가 나에게 _____.

3 웨이: 어느 나라 사람이에요?

   → 웨이 씨가 나에게 _____.

4 경아: 무슨 선물을 살 거예요?

   → 경아 씨가 나에게 _____.

5 의사: 어디가 아파서 오셨어요?

   → 의사가 나에게 _____.

3. -으라고 하다

★ 다른 사람의 명령이나 부탁을 전달할 때 씀.
It is used to deliver an order or request made by another person.

활용 형태

동사	-(으)라고 하다

활용 예문

- 언니가 나에게 청소를 하라고 했어요.
- 어머니께서 저에게 음식을 골고루 먹으라고 하셨어요.
- 친구가 나에게 빨리 연락하라고 했어요.
- 선생님이 교실에서 나갈 때 창문을 닫으라고 했어요.
- 대니 씨가 나에게 이 책을 읽어 보라고 했어요.
- 공연 중에는 휴대폰을 끄라고 했어요.

※ 하면 안 되는 금지 사항을 전할 때는 '-지 말라고 하다'를 쓴다.
- 에스컬레이터에서 뛰지 말라고 했어요.
- 박물관 안에서는 사진을 찍지 말라고 했어요.

연습1

1. 선생님이 저에게 일찍 집에 (　　　) 하셨어요.
   ① 가려고　　　　② 가라고
   ③ 가면서　　　　④ 가기만

2. 가: 수업 안 하고 어디에 가요?
   나: 열이 나니까 선생님이 집에 가서 (　　　) 하셨어요.
   ① 쉬라고　　　　② 쉬려고
   ③ 쉬다가　　　　④ 쉬는 동안

연습2

1. 약사: 밥을 먹고 30분 후에 약을 드세요.
   → 약사가 환자에게 _____.

2. 아내: 비가 오니까 우산을 가지고 가세요.
   → 아내가 남편에게 _____.

3. 부장님: 회의 준비를 열심히 하세요.
   → 부장님이 부하 직원에게 _____.

4. 선생님: 내일까지 쓰기 숙제를 제출하세요.
   → 선생님이 학생에게 _____.

5. 선배: 다음 주 동아리 모임에 꼭 나와라!
   → 선배가 후배에게 _____.

4 −자고 하다

★ 다른 사람의 권유나 제안을 전달할 때 씀.
It is used to deliver a recommendation or suggestion made by another person.

활용 형태

동사	−자고 하다

활용 예문

- 대니 씨가 저녁을 같이 먹자고 했어요.
- 남자 친구가 내년에 결혼하자고 했어요.
- 동생이 농구를 하러 나가자고 했어요.
- 친구가 주말에 같이 자전거를 타자고 했어요.
- 후배가 같이 영화를 보러 가자고 했어요.
- 여자 친구가 화가 나서 연락하지 말자고 했어요.

연습1

1 친구가 나에게 집에 같이 (   ) 했어요.
   ① 가려고   ② 가자고
   ③ 가면서   ④ 가기만

2 가: 아까 민수 씨에게 뭐라고 했어요?
   나: 수업 후에 도서관에 가서 같이 (   ) 했어요.
   ① 공부했던   ② 공부하라고
   ③ 공부하자고   ④ 공부하는 동안

연습2

1 가: 아까 수지 씨가 무슨 말을 했어요?
   나: 내일 백화점에서 같이 _____ 했어요.

2 가: 민수 씨와 무슨 약속을 했어요?
   나: 토요일 동창회에 함께 _____ 했어요.

3 가: 김 선배가 뭐라고 했어요?
   나: 토요일 동아리 모임에서 _____ 했어요.

4 가: 오늘 영화 보러 간다고 하지 않았어요?
   나: 친구가 바빠서 오늘 _____ 했어요.

5 가: 선생님께서 뭐라고 하셨어요?
   나: 미카 씨가 고향에 돌아가니까 송별회를 _____ 하셨어요.

05 성격이 활발한 편이에요

학습 문법	1. –는 편이다 2. –을 정도 3. –는 대로

이렇게 말해요!

가: 수진 씨는 어떤 사람이에요?

나: 수진 씨는 성격이 밝고 활발해서 친구가 **많은 편이에요**. 수진 씨하고 한번 말을 해 보면 누구나 친구가 되고 **싶을 정도니까요**.

가: 그래요? 저도 학교에 **가는 대로** 수진 씨와 인사를 나눠 봐야겠네요.

문법 예문

1 –는 편이다
   저는 성격이 조용한 편이에요.

2 –을 정도
   라면을 매일 먹을 정도로 아주 좋아해요.

3 –는 대로
   회의가 끝나는 대로 바로 연락 주세요. (즉시)
   선생님이 읽는 대로 따라 읽어요. (같음)

1 -는 편이다

★ 어떤 부류에 속함을 나타내며 대략적으로 표현할 때 씀.
It is used to make coarse expression of what category something belongs to.

활용 형태

동사	-는 편이다
형용사	-(으)ㄴ 편이다

활용 예문

- 마리 씨는 매운 음식도 잘 먹는 편이에요.
- 저는 노래를 좋아해서 노래방에 자주 가는 편이에요.
- 수지는 공부를 아주 잘 하는 편이에요.
- 영수 씨는 키가 큰 편이에요.
- 우리 집은 학교에서 가까운 편이에요.
- 이 영화는 재미가 없는 편이에요.

※ 확실한 사실을 말할 때는 쓰지 않는다.
- 마리 씨는 매운 음식도 잘 먹어요. (확실함)
- 마리 씨는 매운 음식도 잘 먹는 편이에요. (대략적으로 그러함)

연습1

1 큰 시장은 작은 시장에 비해서 물건 종류도 많고 값도 (　　　).
   ① 싼 편이다　　　　② 싸면 좋겠다
   ③ 싸지 않다　　　　④ 싼 적이 없다

2 가: 민수 씨는 운동을 많이 하세요?
   나: 네, 거의 매일 운동을 하니까 많이 (　　　).
   ① 하거든요　　　　② 할까해요
   ③ 할 수 있어요　　④ 하는 편이에요

연습2

1 가: 이 식당에 자주 오세요?
   나: 네, 여기가 깨끗하고 음식 맛도 좋아서 자주 _____.

2 가: 대니 씨는 회사에 항상 일찍 출근하는 것 같아요.
   나: 네, 다른 사람들보다 좀 일찍 _____.

3 가: 영수 씨는 형제 중에서 키가 커요?
   나: 네, 저는 형제 중에서 키가 _____.

4 가: 학교에서 집이 멀어요?
   나: 네, 학교에서 1시간도 더 걸리니까 좀 _____.

5 가: 영화를 자주 보세요?
   나: 네, 1주일에 한 번 정도 가니까 자주 _____.

2 -을 정도

★ 앞의 내용과 비슷한 수준이나 상황을 나타냄.
It means a similar level or situation to the preceding words.

활용 형태

동사 있다/없다	-을 정도

활용 예문

- 저는 아이스크림을 너무 좋아해서 매일 먹을 정도예요.
- 그렇게 화를 낼 정도로 기분이 나빴어요?
- 하루에 100번쯤 들을 정도로 이 노래를 좋아해요.
- 저는 안 해 본 운동이 없을 정도로 운동을 좋아해요.
- 우리 집에는 노래방이 있을 정도로 가족들이 노래를 좋아해요.
- 우리 언니는 미니스커트를 정말 좋아해서 추운 겨울에도 입을 정도예요.

※ '-을 만큼'과 의미 차이 없이 바꿔 쓸 수 있지만 뒤에는 쓸 수 없다.
- 그렇게 화를 낼 만큼 기분이 나빴어요? (o)
- 저는 아이스크림을 너무 좋아해서 매일 먹을 만큼이에요. (x)

연습1

1 이 책은 너무 많이 읽어서 내용을 다 (   ).
   ① 외워도 돼요   ② 외울 정도예요
   ③ 외우지 못해요   ④ 외울 수 없어요

2 가: 하루 종일 아무것도 못 먹은 것 같은데 배고프지 않아요?
   나: 네, 금방 (   ) 배가 고파요.
   ① 쓰러질까 봐   ② 쓰러지기 전에
   ③ 쓰러질 정도로   ④ 쓰러질 것 같아서

연습2

1 가: 어제 영화 어땠어요?
   나: 아주 감동적이어서 눈물이 _____.

2 가: 피자를 좋아하세요?
   나: 네, 저 혼자 2판을 _____ 좋아해요.

3 가: 저 식당은 항상 사람들이 많아요?
   나: 네, 1시간 이상 _____ 사람이 많아요.

4 가: 밖에 바람이 많이 불어요?
   나: 네, 물건들이 _____ 바람이 심하게 불어요.

5 가: 저분은 한국 사람처럼 한국어를 잘하시네요.
   나: 네, 한국 사람으로 _____ 한국어를 잘하네요.

3 -는 대로

★ '앞에 어떤 동작이나 상태가 나타나는 즉시' 또는 '현재 동작이나 상태와 같이'를 나타냄.

It means "immediately after the occurrence of an action or condition that was stated in the preceding clause" or "just like the current action or condition".

 활용 형태

동사	-는 대로

활용 예문

- 음성 메시지를 듣는 대로 전화해 주세요. (즉시)
- 일이 끝나는 대로 약속 장소로 갈게요. (즉시)
- 여행에서 돌아오는 대로 기타 학원에 등록할 거예요. (즉시)
- 엄마가 말하는 대로 아이가 따라서 말해요. (같음)
- 내가 하는 대로 똑같이 해 봐. (같음)
- 동생은 오빠가 춤추는 대로 따라서 춤추고 있어요. (같음)

 ※ '즉시'의 의미로 쓸 때는 '-자마자'와 의미가 비슷하지만 '-자마자'가 시간적으로 더 빠른 느낌이 있다.
• 음성 메시지를 듣자마자 전화해 주세요.

연습1

1 사무실에 (　　　　) 바로 거래처에 연락하라고 했어요.
　① 도착할 때　　　　　　② 도착하려면
　③ 도착하는 대로　　　　④ 도착하기 전에

2 가: 언제 고향에 갈 거예요?
　나: 방학이 (　　　　) 바로 가려고 해요.
　① 시작되는 대로　　　　② 시작되기 위해서
　③ 시작되기 때문에　　　④ 시작되는 데다가

연습2

1 가: 제가 이메일을 보냈으니까 _____ 답장을 보내 주세요.
　나: 네, 바로 확인하겠습니다.

2 가: 왜 돈을 빌려요?
　나: 부모님께 용돈을 _____ 다 써서 돈이 없어요.

3 가: 문제를 벌써 다 풀었어요?
　나: 네, 선생님께서 _____ 하니까 쉬운 것 같아요.

4 가: 무슨 좋은 일이 있어요?
　나: 우리가 _____ 우리 팀이 경기에서 이겼거든요.

5 가: 어떻게 읽으면 잘 읽을 수 있어요?
　나: 제가 _____ 똑같이 읽어 보세요.

06 약속 시간에 늦을까 봐 택시를 탔어요

학습 문법	1. –을까 봐 2. 만 해도 3. –을 뻔하다

이렇게 말해요!

가: 왜 이렇게 늦었어요?

나: 약속 시간에 **늦을까 봐** 택시를 탔는데 비가 오니까 길이 막히더라고요.

가: 비 와요? 조금 **전만 해도** 맑았는데……

나: 갑자기 내리더라고요. 우산이 없었으면 옷이 다 **젖을 뻔 했어요**.

문법 예문

1 –을까 봐

아기가 깰까 봐 조용히 들어갔어요.

2 만 해도

1년 전만 해도 키가 작았는데 이렇게 많이 컸네요.

3 –을 뻔하다

길이 미끄러워서 넘어질 뻔했어요.

1 -을까 봐

★ 어떤 상황이나 사실을 그럴 것 같다고 추측함.
It is used to make a guess that a certain situation or truth is likely.

활용 형태

동사 형용사	현재	-을까 봐
	과거	-었/았/였을까 봐

활용 예문

- 회의 시간에 늦을까 봐 뛰어 왔어요.
- 부모님께서 걱정하실까 봐 아프다는 말을 못 했어요.
- 사람들이 내 말을 오해했을까 봐 걱정했어요.
- 표가 없을까 봐 미리 예매했어요.
- 음식이 부족할까 봐 좀 많이 만들었어요.
- 저녁에 추울까 봐 옷을 하나 더 가져왔어요.

 ※ 추측을 나타내는 '-을 것 같아서'와 의미 차이 없이 바꿔 쓸 수 있다.
- 회의 시간에 늦을 것 같아서 뛰어 왔어요.
- 부모님께서 걱정하실 것 같아서 아프다는 말을 못 했어요.

연습1

1. 여행을 가는데 아이가 (　　　　) 비상약을 준비했어요.
   ① 아프지만　　　　② 아프도록
   ③ 아플까 봐　　　　④ 아프기는 하지만

2. 가: 어딜 그렇게 급하게 가요?
   나: 은행에 볼일이 있는데 문을 (　　　　) 빨리 가 보려고요.
   ① 닫아서　　　　② 닫을까 봐
   ③ 닫는 대로　　　④ 닫을 뻔해서

연습2

1. 가: 무슨 일이 있어요? 기분이 안 좋아 보여요.
   나: 가방을 잃어버렸는데 _____ 그래요.

2. 가: 저녁 식사도 했으니까 우리 커피 마실까요?
   나: 밤에 잠이 안 _____ 저녁에는 커피를 안 마셔요.

3. 가: 왜 이렇게 일찍 와서 기다려요?
   나: 공연을 앞에서 보고 싶은데 자리가 _____ 일찍 왔어요.

4. 가: 왜 그렇게 가방이 커요?
   나: 산에 가면 _____ 먹을 것을 많이 가져왔어요.

5. 가: 왜 그렇게 밖을 계속 보고 있어요?
   나: 바람이 많이 불어서 나무가 _____ 걱정이 돼서요.

2. 만 해도

★ 여러 가지의 상황이나 경우 중에서 한 가지만 예를 들어 말함.
It is used to give one example out of several situations or cases.

활용 형태

명사	만 해도

활용 예문

- 지난주만 해도 날씨가 아주 더웠는데 이제는 시원하네요.
- 몇 년 전만 해도 이곳에 나무가 많았어요.
- 저는 패션에 관심이 많아서 구두만 해도 100켤레가 넘어요.
- 우리 집 근처만 해도 커피숍이 세 곳이나 돼요.
- 20년 전만 해도 여기가 밭이었는데 이제는 아파트가 많이 생겼어요.
- 작년만 해도 한국 생활이 낯설었는데 올해는 살 만해요.

※ 조사 뒤에도 사용할 수 있다.
- 조금 전까지만 해도 사람들이 별로 없었는데 갑자기 많아졌어요.

연습1

1 1주일 (   ) 날씨가 더웠는데 벌써 가을이 온 것 같아요.
   ① 전부터   ② 전하고
   ③ 전만 해도   ④ 전일까 해서

2 가: 작년보다 물가가 너무 올라서 걱정이에요.
   나: 맞아요. (   ) 두 배로 올라서 생활비가 너무 많이 들어요.
   ① 교통비에서   ② 교통비만큼
   ③ 교통비처럼   ④ 교통비만 해도

연습2

1 가: 요즘은 아이들도 모두 휴대폰을 가지고 있는 것 같아요.
   나: 네, _____ 휴대폰을 가지고 있는 학생이 많지 않았거든요.

2 가: 이곳이 정말 많이 변했군요.
   나: 그러게요. 처음 _____ 아무 것도 없었는데.

3 가: 요즘은 커피숍이 정말 많이 생기네요.
   나: 맞아요. 우리 학교 _____ 커피숍이 5개나 되니까요.

4 가: 영수 씨는 어릴 때부터 키가 컸어요?
   나: 아니요, _____ 키가 아주 작았어요.

5 가: 한국 사람들이 등산을 좋아하나 봐요.
   나: 네, 제 _____ 매주 등산을 다니는 사람들이 참 많아요.

3 -을 뻔하다

★ 실제는 아니지만 그것과 비슷한 상황이 됨.
  It means the situation becomes similar to an actual situation, even though not the real one.

활용 형태

동사	-을 뻔하다

 활용 예문

- 교통사고가 나서 큰일 날 뻔했어요.
- 조금만 늦었으면 기차를 놓칠 뻔했어요.
- 다른 사람과 부딪혀서 커피를 쏟을 뻔했어요.
- 배가 너무 고파서 쓰러질 뻔했어요.
- 영화가 슬퍼서 여자 친구 앞에서 울 뻔했어요.
- 너무 화가 나서 아이를 때릴 뻔했어요.

※ '조금만 잘못했더라면'의 의미를 가진 부사 '하마터면'과 함께 쓰는 경우가 많다.
  • 교통사고가 나서 하마터면 큰일 날 뻔했어요.

연습1

1 도서관에서 공부를 하고 있는데 옆 사람이 자꾸 떠들어서 (　　　).
   ① 싸워야겠어요　　② 싸울 뻔했어요
   ③ 싸우고 싶어요　　④ 싸우기로 했어요

2 가: 길에서 음악을 들으며 걷다가 사고가 (　　　).
   나: 음악을 들으며 걷는 건 위험하니까 조심하세요.
   ① 나야지요　　② 날까 해요
   ③ 날 뻔했어요　　④ 날 걸 그랬어요

연습2

1 가: 왜 쓰레기통을 들고 있어요?
   나: 누가 불이 안 꺼진 담배를 그냥 버려서 불이 _____.

2 가: 얼굴색이 많이 안 좋아 보여요.
   나: 좀 피곤해서 아까도 지하철에서 졸다가 내릴 곳을 _____.

3 가: 밖에 바람이 많이 불어요?
   나: 네, 지금도 오다가 바람이 너무 세게 불어서 _____.

4 가: 운전하다가 너무 졸려서 앞차와 _____.
   나: 어머, 음주운전과 졸음운전은 절대 안 돼요.

5 가: 어제 내린 눈 때문에 길이 미끄러워서 _____.
   나: 저도 그래서 오늘 운동화 신고 나왔어요.

07 일을 하고 오느라고 늦었어요

학습 문법	1. −잖아요 2. −느라고 3. −을 텐데

이렇게 말해요!

가: 왜 아직도 안 와요? 우리 오늘 만나기로 **했잖아요**.

나: 미안해요. 밀린 일을 하고 **나오느라고** 좀 늦었어요. 지금 가면 많이 **늦을 텐데** 어떡하죠?

가: 지금 퇴근 시간이라 길이 막힐 테니까 지하철을 타세요.

나: 네, 그럼 오늘 제가 맛있는 거 살게요.

문법 예문

1 −잖아요
   오늘 회의가 있다고 내가 말했잖아요.

2 −느라고
   늦잠을 자느라고 수업에 늦었어요.

3 −을 텐데
   내일은 많이 바쁠 텐데 다음에 만나는 게 어때요?

1 -잖아요

★ 상대방에게 어떤 사실을 확인하거나 정정해 줄 때 씀.
It is used to confirm or correct a certain fact to another person.

활용 형태

동사 형용사	현재	-잖아요
	과거	-았/었/였잖아요
(명사)이다		(이)잖아요

활용 예문

- 일찍 주무세요. 내일 새벽에 출발해야 하잖아요.
- 팥빙수 먹으러 갈래요? 더울 때는 시원한 게 최고잖아요.
- 가: 어디 가세요?
  나: 밖에 나가 산책을 하려고요. 날씨가 정말 좋잖아요.
- 가: 지금 어디쯤 오고 있어요? 2시에 만나기로 했잖아요.
  나: 지금 가고 있어요. 금방 도착할 거예요.
- 가: 또 먹어요? 조금 전에 피자 먹었잖아요.
  나: 그런데 또 배가 고파요.

※ 친구 등 주로 친한 사이에서 쓰는 표현으로 예의를 갖춰야 하는 경우에는 쓰지 않는 것이 좋다.

연습1

1 아침마다 공원을 산책하면 운동도 되고 기분도 (　　　　).
   ① 좋기는요
   ② 좋잖아요
   ③ 좋을 뻔 했어요
   ④ 좋을 수 없어요

2 가: 왜 케이크를 만들어요?
   나: 오늘이 현아 씨 생일(　　　　).
   ① 이잖아요
   ② 일까 해요
   ③ 이기로 해요
   ④ 이어야겠어요

연습2

1 가: 택시를 탈까요?
   나: 지하철을 타고 갑시다. 이 시간에는 길이 많이 _____.

2 가: 왜 그렇게 조금 먹어요?
   나: 공부해야 하는데 점심을 많이 먹으면 _____.

3 가: 수지 씨 생일 선물로 뭘 살까요?
   나: 책을 사면 어때요? 수지 씨가 책을 _____.

4 가: 우리 이번 주말에 뭐 할까요?
   나: 등산 어때요? 맑은 공기 마시며 산에 오르면 건강에도 _____.

5 가: 비가 와서 옷이 다 젖었어요.
   나: 우산을 안 가지고 갔어요? 오늘 비가 올 거라고 _____.

2 -느라고

★ 이유나 원인, 목적을 나타냄.
It is used to express a reason, cause or purpose.

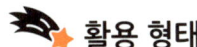 활용 형태

동사	-느라고

활용 예문

- 시험공부를 하느라고 잠을 거의 못 잤어요.
- 전화를 받느라고 버스를 놓쳤어요.
- 어젯밤에 영화를 보느라고 숙제를 못 했어요.
- 손님 초대 음식을 만드느라고 식사도 제대로 못 했어요.
- 아이들이 노느라고 간식을 먹는 것도 잊어버린 것 같아요.
- 엄마 일을 돕느라고 친구와의 약속을 지키지 못했어요.

 ※ 앞 문장이 뒤 문장의 이유나 원인을 나타내지만 주로 부정적인 결과가 나왔을 때 사용하며 앞과 뒤의 주어가 같아야 한다.

연습1

1 비디오를 (   ) 전화 오는 소리를 못 들었어요.
   ① 보느라고   ② 보기만 해서
   ③ 보는 데다가   ④ 보기로 해서

2 가: 살이 많이 빠졌네요?
   나: 네, 아이를 (   ) 너무 힘들어서요.
   ① 돌보려고   ② 돌보느라고
   ③ 돌보지 못해서   ④ 돌볼 수 없어서

연습2

1 가: 점심을 왜 이렇게 늦게 먹어요?
   나: 일을 _____ 점심을 못 먹었어요.

2 가: 숙제를 왜 안했어요?
   나: 어제 친구들과 _____ 숙제를 못했어요.

3 가: 어제 모임에 왜 안 나왔어요?
   나: 친구 이사를 _____ 갈 수가 없었어요.

4 가: 왜 비행기를 놓쳤어요?
   나: 오다가 사고가 나서 병원에 다녀 _____ 늦었거든요.

5 가: 벌써 용돈을 다 썼어요?
   나: 동생 생일 선물을 _____ 돈을 다 썼어요.

3 -을 텐데

★ 어떤 상황이나 사실을 추측하여 제시함.
　It is used to guess and suggest a certain situation or truth.

활용 형태

동사 형용사	-(으)ㄹ 텐데
(명사)이다	일 텐데

활용 예문

- 길이 막힐 텐데 좀 일찍 출발하는 게 좋겠어요.
- 그 커피숍은 9시에 문을 닫을 텐데 다른 곳으로 가요.
- 마리엔 씨도 시간이 될 텐데 한번 연락해 봅시다.
- 하루 더 쉬면 좋을 텐데 회사 일이 바빠서 내일은 출근해야 해요.
- 다들 많이 피곤할 텐데 오늘은 여기까지 합시다.
- 수지 씨는 수업 중일 텐데 나중에 전화해 보세요.

연습1

1 내 친구는 일하면서 공부하는 것이 많이 (　　　　) 늘 웃는 모습이에요.

① 힘들 텐데　　　　② 힘든 만큼

③ 힘들까 봐　　　　④ 힘들 테니까

2 가: 밖에 나가서 산책이라도 할까요?

나: 지금 밖이 많이 (　　　　) 이따가 저녁에 좀 시원해지면 나가요.

① 더울 정도　　　　② 더울 텐데

③ 덥다고 해도　　　④ 덥기는 하지만

연습2

1 가: 오늘 야구 경기 보러 갈래요?

나: 표가 ＿＿＿＿＿＿＿＿ 집에서 텔레비전으로 보는 게 어때요?

2 가: 병원에 좀 잠깐 다녀올게요.

나: 점심시간이라 진료를 ＿＿＿＿＿＿＿＿ 먼저 전화해 보고 가세요.

3 가: 주말에 영화 보러 갈까요?

나: 주말에는 영화관에 사람이 아주 ＿＿＿＿＿＿＿＿ 다음에 봅시다.

4 가: 오늘 박물관에 가는 게 어때요?

나: 월요일은 박물관 문을 ＿＿＿＿＿＿＿＿ 확인해 보고 가요.

5 가: 여기에서 수영을 하고 놀면 좋겠어요.

나: 여기는 강물이 깊어서 ＿＿＿＿＿＿＿＿ 다른 곳에서 해요.

08 공부할수록 재미있어요

학습 문법	1. –기는요 2. –어야지요 3. –을수록

이렇게 말해요!

가: 마리야 씨, 한국어를 참 잘하시네요.

나: **잘하기는요**, 아직 멀었어요. 한국 사람처럼 말하려면 더 많이 **공부해야지요**.

가: 한국어가 어렵지 않아요?

나: 어렵기는 하지만 **공부할수록** 더 재미있어요.

문법 예문

1 –기는요

  가: 미정 씨는 피아노를 잘 치시네요.
  나: 잘 치기는요. 어렸을 때 조금 배웠는데 거의 잊어버렸어요.

2 –어야지요

  후회하지 않으려면 최선을 다해야지요.

3 –을수록

  이 음식은 먹을수록 더 먹고 싶어져요.

1 -기는요

★ 상대방의 말을 가볍게 부정할 때 씀.
It is used to softly deny the words of the other person.

활용 형태

동사 형용사	-기는요
(명사)이다	(이)기는요

활용 예문

- 가: 요리를 잘 하시네요. 정말 맛있어요.
  나: 잘 하기는요. 요리법보고 그대로 따라 해 본 거예요.
- 가: 노래를 정말 잘 부르네요. 가수 같아요.
  나: 잘 부르기는요. 가수처럼 하려면 많이 부족해요.
- 가: 정장을 입으니까 아주 멋있어요.
  나: 멋있기는요. 잘 봐 주셔서 감사해요.
- 가: 한국어 발음이 아주 좋으시네요.
  나: 좋기는요. 한국인처럼 하고 싶은데 잘 안 돼요.

※ 상대방이 칭찬하는 말에 겸손의 의미로 대답할 때 쓴다.

연습1

1 가: 학교 식당 음식이 맛있어요?

   나: (   ). 밖에 있는 식당보다 싸니까 그냥 먹는 거예요.

   ① 맛있거든요　　　　　　② 맛있기는요

   ③ 맛있더라고요　　　　　④ 맛있을 뻔했어요

2 가: 한복을 입으니까 정말 아름다워요.

   나: (   ). 예쁘게 봐 주셔서 감사합니다.

   ① 아름답기는요　　　　　② 아름다울 거예요

   ③ 아름다울까 해요　　　④ 아름다울 것 같아요

연습2

1 가: 한국 사람들은 매운 음식을 다 잘 먹어요?

   나: 다 잘 _____. 못 먹는 사람도 많이 있어요.

2 가: 정아 씨는 피부가 정말 좋네요.

   나: _____. 날씨가 추워지면 금방 빨갛게 돼서 고민이에요.

3 가: 안색이 좋지 않네요. 어디 아파요?

   나: _____. 어젯밤에 잠을 잘 못 자서 그런 것 같아요.

4 가: 생일 선물을 많이 받았어요?

   나: 많이 _____. 꽃 한 송이도 못 받았어요.

5 가: 집이 아주 훌륭하네요.

   나: _____. 먼 곳까지 와 주셔서 감사해요.

2 -어야지요

★ 자신의 의지를 나타내거나 상대방에게 권유, 동의를 구할 때 씀.
It is used to express your determination or ask for recommendation or agreement from the other person.

 활용 형태

동사	현재	-아/어/여야지요
	과거	-았/었/였어야지요

활용 예문

- 시험에 합격하려면 더 열심히 공부해야지요. (의지, 권유)
- 건강해지려면 규칙적으로 운동을 해야지요. (의지, 권유)
- 가: 담배를 많이 피우시네요.
  나: 네, 앞으로는 담배를 끊어야지요. (의지)
- 가: 계속 야근이라 많이 피곤하시겠어요.
  나: 내일부터는 일찍 들어가서 쉬어야지요. (의지)
- 가: 커피를 많이 마셔서 잠이 안 오네요.
  나: 그럼 커피를 마시지 말았어야지요. (권유)

 ※ 자신의 경우에는 주로 '의지'를 나타내며, 다른 사람의 경우를 말할 때는 '권유'의 의미이다.

연습1

1 비행기 시간에 늦지 않으려면 일찍 (　　　　).
   ① 서두르네요　　　　　　② 서둘러야지요
   ③ 서두를 수 있어요　　　④ 서두른 적이 있어요

2 가: 어떻게 하면 한국어 발음이 좋아질 수 있어요?
   나: 한국인 친구와 대화를 많이 (　　　　).
   ① 해야지요　　　　　　　② 하고 있어요
   ③ 하고 싶어요　　　　　　④ 하려고 해요

연습2

1 가: 이제 앞으로 어떻게 할 생각이에요?
   나: 가족들을 위해 더 열심히 _____.

2 가: 아직도 술을 그렇게 많이 마셔요?
   나: 건강을 위해서 이제부터는 술을 _____.

3 가: 미안해요. 빨리 오려고 택시를 탔는데 길이 막혔어요.
   나: 그럼 지하철을 _____.

4 가: 기차표가 다 팔려서 고향에 못 가게 되었어요.
   나: 일찍 예매를 _____.

5 가: 어제 술을 많이 마셔서 머리가 아프네요.
   나: 그러니까 술을 조금만 _____.

3 -을수록

★ 어떤 상황이나 정도가 점점 더 심해짐을 나타냄.
It means a certain situation becomes worse and worse.

활용 형태

동사 형용사	-(으)ㄹ수록
(명사)이다	일수록

활용 예문

- 그 사람은 볼수록 멋있어요.
- 김치는 익을수록 맛이 좋아요.
- 이 노래는 들을수록 자꾸 듣고 싶어져요.
- 날씨가 더울수록 전기를 많이 쓰게 돼요.
- 돈은 많을수록 좋지만 그만큼 걱정도 많아지는 것 같아요.
- 부자일수록 돈을 더 아껴 쓰는 사람들이 많아요.

※ '-으면 을수록'의 형태로도 쓴다.
 • 이곳에 살면 살수록 이곳이 고향같이 느껴져요.

연습1

1 나이가 (　　　　) 사람들과의 관계가 점점 더 어려워질 때가 있다.
   ① 들지만   ② 들수록
   ③ 들 정도로   ④ 들기 위해서

2 가: 한국 생활이 힘들지 않아요?
   나: 처음에는 힘들었는데 시간이 (　　　　) 익숙해져서 이제 재미있어요.
   ① 지날수록   ② 지날까 봐
   ③ 지나는 데다가   ④ 지나기는 하지만

연습2

1 가: 떡볶이 맛이 어때요?
   나: 처음에는 맵기만 했는데 시간이 _____ 더 맛있어져요.

2 가: 눈이 이렇게 많이 오는데 스키 탈 수 있겠어요?
   나: 그럼요. 눈이 많이 _____ 더 재미있지요.

3 가: 김 선생님은 어떤 분이세요?
   나: 김 선생님은 알면 _____ 더 좋은 분이세요.

4 가: 그림 앞에서 무슨 생각을 그렇게 해요?
   나: 이 그림은 _____ 더 보고 싶어지네요.

5 가: 음식이 싱거운데 소금을 더 넣지 그래요?
   나: 음식은 싱겁게 _____ 건강에 좋아요.

09 노래방에 가서 자주 부르곤 했어요

학습 문법	1. –곤 하다 2. –었다 하면 3. –어 버리다

이렇게 말해요!

가: 미선 씨, 이 노래 알아요?

나: 네, 전에 좋아하던 노래인데 노래방에 가서 자주 **부르곤 했어요**. 한번 **불렀다 하면** 아마 10번쯤 불렀을 거예요.

가: 그래요? 그럼 저도 좀 가르쳐 주세요.

나: 너무 오래 돼서 이젠 가사도 다 **잊어 버렸어요**.

문법 예문

1 **–곤 하다**
   저는 저녁마다 공원에서 산책을 하곤 해요.

2 **–었다 하면**
   영수는 밥을 먹었다 하면 두 그릇 이상 먹어요.

3 **–어 버리다**
   남은 음식이 아까워서 제가 모두 먹어 버렸어요.

1 -곤 하다

★ 어떤 상황이나 동작의 반복을 나타냄.
　It means the repetition of a certain situation or action.

활용 형태

동사 형용사	현재	-곤 하다
	과거	-곤 했다

활용 예문

- 기분이 우울할 때는 신나는 음악을 듣곤 해요.
- 주말에는 한강 공원에서 자전거를 타곤 해요.
- 고등학교 때 수업이 끝나면 친구들하고 농구를 하곤 했어요.
- 방학 때마다 시골의 할머니 댁에 가곤 했어요.
- 아버지는 아침마다 사과를 한 개씩 드시곤 했어요.
- 저는 집에 갈 때 늘 편의점에 들르곤 해요.

※ '-곤 하다'는 현재도 계속 진행 중이고, '-곤 했다'는 과거의 일을 말함.
　• 저는 지금도 아침마다 우유를 마시곤 해요.
　• 저는 어렸을 때 아침마다 우유를 마시곤 했어요.

연습1

1 제가 어렸을 때는 장난이 심해서 어머니께 야단을 (   ).
   ① 맞기는요   ② 맞을 만해요
   ③ 맞곤 했어요   ④ 맞도록 했어요

2 가: 방학 때는 주로 뭘 했어요?
   나: 방학이 되면 가족들과 시골 외할머니 댁에 가서 (   ).
   ① 놀곤 했어요   ② 놀기만 해요
   ③ 놀아야겠어요   ④ 놀 수가 없었어요

연습2

1 가: 식사 후에는 보통 어떤 차를 마셔요?
   나: 저는 식사를 하고 나서 보통 녹차나 커피를 _____.

2 가: 주말에는 뭐해요?
   나: 주말에는 가족들과 공원에서 산책을 하거나 자전거를 _____.

3 가: 민아 씨는 학교 다닐 때 공부 열심히 했어요?
   나: 네, 학교 다닐 때는 시험공부를 하느라고 자주 밤을 _____.

4 가: 이 식당에 자주 왔어요?
   나: 네, 전에 친구들과 자주 와서 _____.

5 가: 여기에 자주 오세요?
   나: 비가 오는 날에는 우산을 쓰고 종종 이 길을 _____.

2 -었다 하면

★ 어떤 동작을 시작하면 꼭 뒤의 상황이 됨.
It means the following situation will definitely occur when a certain action begins.

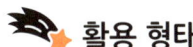 활용 형태

동사	-었다 하면

활용 예문

- 저는 공부를 시작했다 하면 꼭 잠이 와요.
- 동생은 우산을 가지고 나갔다 하면 꼭 잃어버려요.
- 민수는 게임을 했다 하면 몇 시간씩 해요.
- 그 가수는 콘서트를 했다 하면 언제나 표가 매진이 돼요.
- 그 식당은 사람이 많아서 줄을 섰다 하면 한 시간 이상 기다려야 해요.
- 내 친구는 말이 많아서 통화를 했다 하면 보통 한 시간이에요.

 ※ 반드시 과거 형태로 써야 한다.
- 공부를 시작했다 하면 꼭 잠이 와요. (O)
- 공부를 시작하다 하면 꼭 잠이 와요. (x)

연습1

1 우리 아이는 놀기를 좋아해서 놀이터에 (　　　　) 어두워질 때까지 안 들어와요.
   ① 갈수록　　　　　　　　② 갔다 하면
   ③ 가기는커녕　　　　　　④ 가기는 하지만

2 가: 노래를 좋아하세요?
   나: 네, 그래서 노래방에서 노래를 (　　　　) 혼자 2시간 이상은 불러요.
   ① 부르고자　　　　　　　② 부르다가는
   ③ 불러 봤자　　　　　　　④ 불렀다 하면

연습2

1 가: 민지 씨 동생은 핫도그를 정말 좋아하나 봐요.
   나: 네, 그래서 한번 _____ 10개나 먹어요.

2 가: 점심시간이 지나서 학교 식당에 학생들이 별로 없네요.
   나: 네, 점심시간에는 줄을 _____ 30분 이상 기다려야 해요.

3 가: 영수 씨는 공부를 정말 열심히 하는 것 같아요.
   나: 맞아요. 영수는 공부를 _____ 옆에서 무슨 일이 생겨도 몰라요.

4 가: 수지 씨는 잠을 잘 자는 편이에요?
   나: 네, 저는 한번 잠을 _____ 아무리 깨워도 몰라요.

5 가: 운동을 정말 많이 하시네요.
   나: 네, 저는 운동을 _____ 5시간 이상씩 하는 편이에요.

3 -어 버리다

★ 어떤 상황이나 행동이 완전히 끝났음을 나타냄.
　　It means a certain situation or action has completely ended.

 활용 형태

동사	-아/어/여 버리다

활용 예문

- 친구가 아무 말 없이 그냥 가 버렸어요.
- 휴일이라 밀린 빨래를 전부 다 해 버렸어요.
- 친구의 비밀을 다른 사람에게 말해 버렸어요.
- 실수로 중요한 문서를 찢어 버렸어요.
- 배가 고파서 앞에 있는 음식을 혼자 다 먹어 버렸어요.
- 월급날이 아직 멀었는데 벌써 돈을 다 써 버렸어요.

※ 어떤 상황이 끝났음을 나타내는 표현으로 '-고 말다'와 대체하여 사용할 수 있으나 '-고 말다'는 말하는 사람이 주어가 되어야 하는 반면, '-어 버리다'는 제한이 없다.
- 친구가 아무 말 없이 그냥 가 버렸어요. (o)
- 친구가 아무 말 없이 그냥 가고 말았어요. (x)

연습1

1 너무 배가 고파서 식탁에 있는 음식을 전부 다 (   ).
   ① 먹곤 했어요   ② 먹는 편이에요
   ③ 먹어 버렸어요   ④ 먹을 수 없어요

2 가: 무슨 안 좋은 일 있어요? 얼굴이 어둡네요.
   나: 친구가 갑자기 화를 내면서 (   ).
   ① 나가야겠어요   ② 나가려고 해요
   ③ 나갈 만 해요   ④ 나가 버렸어요

연습2

1 가: 휴대폰이 왜 고장이 났어요?
   나: 동생하고 싸웠는데 화가 나서 _____.

2 가: 용돈을 받으면 모으는 편이에요?
   나: 아니요, 받으면 바로 _____ 편이에요.

3 가: 뭘 그렇게 많이 샀어요?
   나: 과일이랑 채소가 많이 싸서 다 _____.

4 가: 벌써 숙제 다 했어요?
   나: 네, 놀러 가려고 빨리 _____.

5 가: 왜 화가 났어요?
   나: 내가 새로 산 가방을 동생이 몰래 가지고 나가서 _____.

10. 어머니가 가족들을 깨우셨어요

| 학습 문법 | 1. –이/히/리/기/우/추– (사동)
2. –게 하다
3. –게 마련이다 |

이렇게 말해요!

가: 여보세요? 미정 씨 지금 뭐 해요?

나: 청소를 하려고 책상을 **옮기고** 있어요.

가: 저는 지난주 일요일에 집 대청소를 했어요. 어머니가 식구들을 모두 **깨워서** 청소를 **하게 하셨어요**.

나: 그래도 집이 깨끗하면 기분도 **좋게 마련이잖아요**.

문법 예문

1 –이/히/리/기/우/추– (사동)
엄마가 아이에게 우유를 먹여요.

2 –게 하다
선생님이 학생들에게 책을 읽게 하셨어요.

3 –게 마련이다
사람은 누구나 늙게 마련이에요.

1 -이/히/리/기/우/추- (사동)

★ 주어가 남에게 어떤 행동을 하도록 시키는 것.
It means the subject (person) lets another person do a certain action.

활용 형태

-이-		-히-		-리-	
먹다	먹이다	읽다	읽히다	날다	날리다
붙다	붙이다	앉다	앉히다	알다	알리다
끓다	끓이다	입다	입히다	울다	울리다
높다	높이다	더럽다	더럽히다	얼다	얼리다
-기-		-우-		-추-	
감다	감기다	깨다	깨우다	맞다	맞추다
남다	남기다	타다	태우다	낮다	낮추다
맡다	맡기다	서다	세우다	늦다	늦추다
웃다	웃기다	자다	재우다		

활용 예문

- 엄마가 아기에게 우유를 먹여요.
- 선생님이 학생들에게 책을 읽히셨어요.
- 아빠가 세탁기를 돌렸어요.
- 민수 씨는 사람들을 잘 웃겨요.
- 택시 기사가 손님을 태워요.
- 친구가 약속 시간을 늦추었어요.

연습1

1 내가 자꾸 동생을 (　　　　) 엄마한테 꾸중을 들었다.
   ① 울어서　　　　　② 울려서
   ③ 우니까　　　　　④ 우느라고

2 가: 우리 배고픈데 라면 먹을까요?
   나: 좋아요. 그럼 먼저 물을 (　　　　).
   ① 끓기만 해요　　　② 끓여야겠어요
   ③ 끓으려고 해요　　④ 끓일 줄 알아요

연습2

1 아이가 밥을 먹어요.
   → 아이에게 밥을 _____.

2 방이 더러워요.
   → 동생이 방을 _____.

3 동생이 울어요.
   → 형이 동생을 _____.

4 음식이 남았어요.
   → 사람들이 음식을 _____.

5 잠이 깼어요.
   → 친구가 (내)잠을 _____.

2 -게 하다

★ 다른 사람에게 어떤 행동이나 동작을 하도록 함.
It is used to let another person do a certain action or movement.

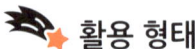 **활용 형태**

동사	-게 하다

활용 예문

- 선배가 후배에게 노래를 부르게 해요.
- 선생님이 학생에게 담배를 못 피우게 해요.
- 청소년에게 술을 못 마시게 해요.
- 엄마가 아이에게 계단에서 뛰지 못하게 해요.
- 할머니가 저에게 한복을 입게 했어요.
- 부장님이 김 대리에게 보고서를 쓰게 했어요.

※ '-하게 하다'와 같이 일부 동사의 경우 '시키다'와 의미 차이 없이 사용할 수 있다.
- 선배가 후배에게 노래를 하게 했어요.
- 선배가 후배에게 노래를 시켰어요.

연습1

1 아버지가 형에게 방 청소를 (   ).

　① 했어요　　　　　　　　② 하게 했어요

　③ 할 뿐이에요　　　　　　④ 하기만 해요

2 가: 박물관에서 사진을 찍어도 돼요?

　나: 아니요, 박물관에서는 사진을 못 (   ).

　① 찍기는요　　　　　　　② 찍어야지요

　③ 찍게 해요　　　　　　　④ 찍을 뻔했어요

연습2

1 엄마: "아침에 우유를 꼭 마셔라."

→ _____.

2 선생님: "교실에서 떠들지 마세요."

→ _____.

3 의사: "규칙적인 운동을 하세요."

→ _____.

4 아내: "여보, 청소기를 좀 돌려 주세요."

→ _____.

5 친구: "조금만 더 기다려 줘."

→ _____.

3. -게 마련이다

★ 당연한 일이라는 의미를 나타냄.
It means what happened is reasonable.

활용 형태

동사 형용사	-게 마련이다

활용 예문

- 밤에 많이 먹고 자면 살이 찌게 마련이에요.
- 최선을 다하면 좋은 결과가 있게 마련이에요.
- 겨울에는 춥게 마련이에요.
- 봄이 오면 꽃이 피게 마련이에요.
- 찬 음식을 많이 먹으면 배탈이 나게 마련이에요.
- 청소를 안 하면 더러워지게 마련이에요.

※ '-기 마련이다'의 형태로도 쓴다.
- 밤에 많이 먹고 자면 살이 찌기 마련이에요.

연습1

1 노력을 하지 않으면 좋은 결과를 얻지 (   ).

　① 못할 뻔해요　　　　　　② 못하지 않아요

　③ 못할 수 없어요　　　　　④ 못하게 마련이에요

2 가: 사람들 앞에서 실수를 해서 너무 창피해요.

　나: 괜찮아요. 사람은 누구나 실수를 (   ).

　① 하기는요　　　　　　　② 하도록 해요

　③ 할걸 그랬어요　　　　　④ 하게 마련이에요

연습2

1 가: 여행을 가서 여권을 잃어버려서 정말 고생했어요.

　나: 언제나 여행에서는 생각하지 못한 일이 _____.

2 가: 어렸을 때 공부를 좀 더 열심히 할걸 그랬어요.

　나: 사람은 늘 지나고 나서 _____.

3 가: 아버지께서 입원을 하신 후에 마음이 많이 약해지신 것 같아요.

　나: 병에 걸리면 누구나 마음이 _____.

4 가: 이 음식이 좋아서 매일 먹었는데 이제 보기도 싫어지네요.

　나: 좋은 음식도 매일 먹으면 _____.

5 가: 이곳이 10년 전만 해도 조용했는데 이제 너무 변했어요.

　나: 시간이 지나면 모든 것이 _____.

11 집에 가니까 문이 열려 있었어요

학습 문법	1. −이/히/리/기− (피동) 2. −었을 텐데 3. −더라도

 이렇게 말해요!

가: 어제 집에 도둑이 들었어요.

나: 그래요? 도둑이 어떻게 들어온 거예요?

가: 집에 가니까 문이 **열려 있었어요**. 카메라도 **없어졌고요**.

나: 많이 **놀랐을 텐데** 일이 **많더라도** 오늘은 좀 쉬세요.

 문법 예문

1. −이/히/리/기− (피동)

   여름이라서 에어컨이 많이 팔려요.

2. −었을 텐데

   기차가 벌써 떠났을 텐데 천천히 가요.

3. −더라도

   무슨 일이 있더라도 이번에는 꼭 합격할 거예요.

1 -이/히/리/기- (피동)

★ 주어가 다른 주체에게 어떤 일을 당하게 됨.
It means something happens to the subject (person) by a third party.

활용 형태

-이-		-히-		-리-		-기-	
보다	보이다	막다	막히다	열다	열리다	담다	담기다
쓰다	쓰이다	닫다	닫히다	팔다	팔리다	안다	안기다
바꾸다	바뀌다	잡다	잡히다	풀다	풀리다	끊다	끊기다
잠그다	잠기다	찍다	찍히다	듣다	들리다	쫓다	쫓기다

활용 예문

- 멀리 바다가 보이네요.
- 은행 문이 닫혔어요.
- 도둑이 경찰에게 잡혔어요.
- 그릇에 음식이 담겼어요.
- 음악 소리가 너무 크게 들려요.
- 통화를 하는데 갑자기 전화가 끊겼어요.

연습1

1 잘 안 (　　　　) 좀 더 크게 말씀해 주세요.
　① 들려서　　　　　② 듣다가
　③ 들리니까　　　　④ 듣느라고

2 가: 영수 씨한테 전화해 봤어요?
　나: 네, 그런데 전화번호가 (　　　　) 것 같아요.
　① 바꾼　　　　　　② 바뀐
　③ 바꾸는　　　　　④ 바뀌던

연습2

1 가: 새로 이사한 집은 어때요?
　나: 창문 밖으로 산이 _____ 경치가 정말 좋아요.

2 가: 지금 어디에 있어요? 왜 아직 안 와요?
　나: 가고 있는데 차가 많이 _____.

3 가: 여기 있는 것 중에서 어떤 게 좋아요?
　나: 이것으로 하세요. 이 제품이 요즘 가장 잘 _____.

4 가: 우리가 너무 일찍 온 것 같아요.
　나: 여기에서 박물관이 _____ 때까지 기다립시다.

5 가: 왜 안 들어가고 밖에 있어요?
　나: 열쇠도 없는데 문이 _____.

2 -었을 텐데

★ 과거의 상황이나 상태를 추측할 때 씀.
It is used to make a guess about the situation or condition of the past.

활용 형태

동사 형용사	-었/았/였을 텐데
(명사)이다	이었/였을 텐데

활용 예문

- 제가 연락도 없이 늦어서 많이 기다렸을 텐데 정말 미안해요.
- 명절이라 식당도 문을 닫았을 텐데 그냥 집에서 먹어요.
- 벌써 회의가 시작되었을 텐데 큰일이네요.
- 밖에 매우 추웠을 텐데 따뜻한 차라도 마셔요.
- 오늘 계속 바빠서 쉬지도 못했을 텐데 여기에서 잠깐 쉬어요.
- 그때는 학생이었을 텐데 어떻게 그런 생각을 했어요?

※ 현재나 미래 상황의 추측은 '-을 텐데'를 쓴다.
- 지금 차가 많이 막힐 텐데 지하철을 탑시다.
- 내일 비가 올 텐데 소풍을 갈 수 있을까요?

연습1

1 조금만 일찍 나갔으면 (　　　　) 제가 너무 늦어서 친구가 가 버렸어요.

　　① 만날까 봐　　　　　② 만났을 텐데
　　③ 만났다 하면　　　　④ 만날 테니까

2 가: 젊었을 때 더 즐겁게 살 수 (　　　　) 그렇지 못한 것이 후회가 됩니다.
　　나: 지나고 나서 후회가 되지 않는 일이 있겠어요?

　　① 있느라고　　　　　② 있을수록
　　③ 있었을 텐데　　　　④ 있었다 하면

연습2

1 가: 왜 친구들과 같이 휴가 안 갔어요?
　　나: 일을 빨리 끝냈으면 친구들과 함께 휴가를 ＿＿＿＿＿＿ 너무 속상해요.

2 가: 어제 많이 ＿＿＿＿＿＿ 제가 도와 드리지 못해서 죄송해요.
　　나: 괜찮아요. 다른 분들이 많이 도와 주셔서 잘 끝났어요.

3 가: 왜 더 먹지 않아요?
　　나: 아까 간식을 먹지 않았으면 좀 더 많이 ＿＿＿＿＿＿ 아쉬워요.

4 가: 어제 영화가 정말 재미있었는데 같이 갈걸 그랬어요.
　　나: 그래요? 미리 말했으면 저도 같이 ＿＿＿＿＿＿ 아쉽네요.

5 가: 경찰이 아직도 범인을 못 잡았어요?
　　나: 네, 조금만 신경을 썼으면 ＿＿＿＿＿＿ 안타깝네요.

3 -더라도

★ 어떤 상황이나 일을 가정하거나 인정을 하지만 뒤에는 반대의 내용이 옴.
It means a certain situation or thing is assumed or admitted, but an opposing content comes in the following clause.

 활용 형태

동사 형용사	현재	-더라도
	과거	-었/았/였더라도
(명사)이다	현재	(이)더라도
	과거	이었/였더라도

활용 예문

- 유학을 가더라도 집에 연락은 자주 해야지요.
- 제 동료가 조금 섭섭한 말을 했더라도 이해해 주세요.
- 월급이 적더라도 그 회사에 꼭 들어가고 싶어요.
- 어렸을 때 예뻤더라도 커서는 그렇지 않은 사람이 많아요.
- 남자이더라도 여자보다 약한 사람이 있어요.
- 학교 다닐 때 우등생이었더라도 지금은 다를 수 있어요.

 ※ '-어/아도'와 의미는 비슷하지만 '-더라도'가 좀 더 강한 느낌을 준다.

연습1

1 이번에 실패를 (　　　　) 포기하지 않고 다시 도전하도록 하겠습니다.

① 하더라도　　　　② 하느라고

③ 하는 데다가　　　④ 하기는 하지만

2 가: 그 휴대폰은 왜 고치지 않아요?

나: 이 휴대폰은 고장이 (　　　　) 고칠 수가 없다고 해요.

① 날수록　　　　② 날까 봐

③ 나더라도　　　④ 났을 텐데

연습2

1 가: 영수 씨 오늘 회식인데 같이 안 가세요?

나: 일이 좀 남아서요. _____ 꼭 갈 테니까 먼저 가세요.

2 가: 저는 키가 작아서 농구를 잘 못해요.

나: 키가 _____ 농구는 할 수 있어요.

3 가: 수술을 하면 좋아질까요?

나: 수술을 _____ 좋아질 것 같지 않습니다.

4 가: 내일 비가 오면 어떻게 하지요?

나: 비가 _____ 예정대로 여행을 떠날 거예요.

5 가: 조금만 일찍 서둘렀으면 그 물건을 살 수 있지 않았을까요?

나: 인기가 너무 많아서 일찍 _____ 없을 거예요.

12 지금 쉬려던 참이었어요

학습 문법	1. –자마자 2. –으려다가 3. –으려던 참이다

이렇게 말해요!

가: 영수 씨, 식사를 **하자마자** 바로 일을 해요?

나: 아까 **끝내려다가** 못 한 것이 있어서요.

가: 잠깐이라도 좀 쉬었다가 하세요. 소화도 안 되겠어요.

나: 안 그래도 지금 **쉬려던 참이었어요**.

문법 예문

1 –자마자

학생들은 수업이 끝나자마자 밖으로 나갔어요.

2 –으려다가

커피를 마시려다가 건강을 생각해서 녹차를 마셨어요.

3 –으려던 참이다

지금 막 외출을 하려던 참이었어요.

1 -자마자

★ 어떤 상황에 이어 바로 다음 상황이 이어짐.
It means a certain situation is followed by the subsequent situation.

 활용 형태

동사	-자마자

활용 예문

- 아기가 그 사람을 보자마자 울기 시작했어요.
- 집에 오자마자 손부터 씻어요.
- 밥을 먹자마자 잠이 들었어요.
- 전화를 끊자마자 바로 친구가 들어왔어요.
- 학교에 도착하자마자 선생님께서 부르셨어요.
- 월급을 받자마자 다 써 버렸어요.

※ 시간의 순서를 나타내는 '-은 후에'보다 훨씬 가까운 다음 상황을 말한다.
- 밥을 먹자마자 잠이 들었어요. (바로)
- 밥을 먹은 후에 잠이 들었어요. (조금 후에)

연습1

1 백화점 문이 (　　　　) 많은 손님들이 몰렸어요.
   ① 열어서　　　　　　　　② 열리도록
   ③ 열리다가　　　　　　　④ 열리자마자

2 가: 오랜만에 고등학교 때 친구를 만나서 좋았겠네요.
   나: 네, 너무 반가워서 (　　　　) 눈물이 나더라고요.
   ① 만나더라도　　　　　　② 만나자마자
   ③ 만났을 텐데　　　　　 ④ 만나기는 하지만

연습2

1 가: 벌써 다 먹었어요?
   나: 네, 배가 고파서 음식이 _____ 다 먹어 버렸어요.

2 가: 언제 연락할 거예요?
   나: 고향에 _____ 바로 할게요.

3 가: 결혼은 언제 하셨어요?
   나: 대학교를 _____ 바로 결혼했어요.

4 가: 왜 그렇게 다 젖었어요?
   나: 버스에서 _____ 비가 쏟아졌어요.

5 가: 어젯밤에 왜 전화를 안 받았어요?
   나: 미안해요. 밥을 _____ 잠이 들어 버렸어요.

2 -으려다가

★ 어떤 목적이나 의도를 가진 행동이 중단되거나 다른 행동으로 바뀜.
It is used when an action with a certain purpose or intention is ceased or changed to another action.

활용 형태

동사	-(으)려다가

활용 예문

- 유학을 가려다가 포기하고 취직을 했어요.
- 운동을 하려다가 비가 와서 집에서 쉬었어요.
- 빵을 만들려다가 귀찮아서 그냥 사 먹었어요.
- 치마를 입으려다가 날이 추워서 바지를 입었어요.
- 라면을 먹으려다가 국수를 먹었어요.
- 새로 산 구두가 작아서 바꾸려다가 동생을 주었어요.

※ '-으려고 하다'를 줄여 쓴 말이다.
- 유학을 가려고 하다가 포기하고 취직을 했어요.

연습1

1 구두를 (　　　　) 발이 아파서 운동화를 신었어요.
　① 신느라고　　　　　② 신으려면
　③ 신더라도　　　　　④ 신으려다가

2 가: 어제 영화는 잘 봤어요?
　나: 아니요, 영화를 (　　　　) 사람이 너무 많아서 그냥 왔어요.
　① 보고자　　　　　　② 보려다가
　③ 본 데다가　　　　　④ 보았을 텐데

연습2

1 가: 선생님께 편지를 보냈어요?
　나: 아니요, 편지를 _____ 이메일로 보냈어요.

2 가: 어제 영화 잘 봤어요?
　나: 아니요, 영화를 _____ 사람이 많아서 그냥 쇼핑만 했어요.

3 가: 점심에 뭐 먹었어요?
　나: 비빔밥을 _____ 김치찌개를 먹었어요.

4 가: 여행은 잘 다녀왔어요?
　나: 여행을 _____ 어머니가 갑자기 입원하셔서 못 갔어요.

5 가: 어제 퇴근 후에 친구들을 만나서 재미있었어요?
　나: 아니요, 친구들 만나러 _____ 너무 피곤해서 안 갔어요.

3 -으려던 참이다

★ 어떤 행동을 하려고 하거나 어떤 일이 곧 일어날 것 같은 상황을 나타냄.
It means a certain action is about to be done or something is likely to happen soon.

활용 형태

| 동사 | -(으)려던 참이다 |

활용 예문

- 수업이 끝난 후에 친구와 영화를 보러 가려던 참이었어요.
- 지금 퇴근을 하려던 참이었는데 전화가 왔어요.
- 식사하고 나서 녹차를 마시려던 참이었어요.
- 지금 전화를 하려던 참인데 친구가 들어왔어요.
- 운동을 나가려던 참에 비가 쏟아져서 그만뒀어요.
- 여행을 떠나려던 참에 집에 급한 일이 생겨서 고향에 가요.

연습1

1 건강 때문에 앞으로 담배를 (　　　　).
  ① 끊기만 해요　　　　② 끊을 만 했어요
  ③ 끊을 걸 그랬어요　　④ 끊으려던 참이었어요

2 가: 현주 씨, 지금 어디 가요?
  나: 좀 피곤해서 집에 (　　　　).
  ① 가기는요　　　　② 갈 뻔했어요
  ③ 갈 줄 몰랐어요.　　④ 가려던 참이었어요

연습2

1 가: 이번 방학에는 뭐 할 거예요?
  나: 생활비가 모자라서 아르바이트를 ＿＿＿＿＿＿＿＿＿＿＿＿.

2 가: 저녁에 같이 영화 보러 갈까요?
  나: 미안해요. 머리가 아파서 약국에 ＿＿＿＿＿＿＿＿＿＿＿＿.

3 가: 오늘 점심은 뭐 먹을까요?
  나: 저는 소화가 안 돼서 점심을 ＿＿＿＿＿＿＿＿＿＿＿＿.

4 가: 내일 축제 때 뭐 입을 거예요?
  나: 한복을 ＿＿＿＿＿＿＿＿＿＿＿＿.

5 가: 근처 카페에 가서 커피 한 잔 할까요?
  나: 그렇지 않아도 커피를 ＿＿＿＿＿＿＿＿＿＿＿＿.

13. 무리하다가는 건강을 해치고 말 거예요

학습 문법	1. –다 보니(까) 2. –다가는 3. –고 말다

이렇게 말해요!

가: 민주 씨, 9시가 넘었는데 퇴근 안 해요?

나: 아, **일하다 보니** 벌써 시간이 이렇게 되었네요.

가: 어제도 야근이었잖아요. 그렇게 **무리하다가는** 건강을 **해치고 말 거예요**.

나: 고마워요. 이제 그만해야겠어요.

(※무리하다: 정도를 많이 벗어남.)

문법 예문

1 –다 보니(까)

불고기가 맛있어서 계속 먹다 보니까 3인분이나 먹었어요.

2 –다가는

그렇게 술을 많이 마시다가는 건강이 아주 나빠질 거예요.

3 –고 말다

급하게 뛰어가다가 넘어지고 말았어요.

1 －다 보니(까)

★ 어떤 행동을 계속 하는 과정에서 새로운 상황이나 결과가 나타남.
It means a new situation or result appears in the process of doing a series of actions.

활용 형태

동사	－다 보니(까)

활용 예문

- 이야기를 계속 듣다 보니까 이해가 되었어요.
- 책을 읽다 보니 벌써 밤이 되었네요.
- 그 사람을 자꾸 만나다 보니까 좋아졌어요.
- 음악을 들으며 걷다 보니 어느새 집에 도착했어요.
- 한국에서 생활하다 보니까 벌써 5년이 지났어요.
- 처음에는 김치가 매워서 못 먹었는데 먹다 보니 괜찮아졌어요.

※ '－다가 보니까'를 줄여 쓴 말이다.
 • 이야기를 계속 듣다가 보니까 이해가 되었어요.

연습1

1 그 사람이 처음에는 마음에 안 들었는데 자주 (　　　) 좋아졌어요.

① 만날까 봐　　　　　　② 만날 정도로

③ 만나다 보니까　　　　④ 만나기는 하지만

2 가: 한국어 실력이 대단하네요.

나: 감사해요. 한국인처럼 말하려고 (　　　) 많이 늘었어요.

① 노력했지만　　　　　② 노력은커녕

③ 노력해 봤자　　　　　④ 노력하다 보니까

연습2

1 가: 혼자 살면 외롭지 않아요?

나: 오랫동안 혼자 ＿＿＿＿＿＿＿ 익숙해져서 이제 누가 있으면 불편해요.

2 가: 왜 직장을 그만뒀어요?

나: 같은 일을 계속 ＿＿＿＿＿＿＿ 다른 일이 해 보고 싶어졌어요.

3 가: 마라톤이 힘들지 않으세요?

나: 힘들기는 하지만 계속 ＿＿＿＿＿＿＿ 적응이 되었어요.

4 가: 이제 제 말이 이해가 돼요?

나: 네, 아까는 이해가 안 되었는데 ＿＿＿＿＿＿＿ 알 것 같아요.

5 가: 매운 음식도 잘 드시네요.

나: 처음에는 전혀 못 먹었는데 자꾸 ＿＿＿＿＿＿＿ 매운 음식이 좋아졌어요.

2 -다가는

★ 앞의 행동이나 상황이 원인이 되어 부정적인 결과가 나오게 될 것임을 나타냄.
It means that some negative result will follow because of the preceding action or situation.

활용 형태

동사	-다가는

활용 예문

- 그렇게 담배를 많이 피우다가는 큰일 날 거예요.
- 일을 자꾸 미루다가는 점점 하기 싫어질 것 같아요.
- 높은 구두만 신다가는 허리가 아플 수도 있어요.
- 밤늦게 계속 많이 먹다가는 살이 많이 찌게 될 거예요.
- 그렇게 음악을 크게 듣다가는 귀에 문제가 생길 수도 있어요.
- 계속 비를 맞다가는 감기에 걸릴 수 있으니까 우산을 쓰세요.

 ※ '-다가'로 바꿔 쓸 수 있지만 '-다가는'의 경우가 부정적인 의미가 더 강하다.

연습1

1 돈을 계획 없이 (   ) 나중에 생활비도 모자라게 될 거예요.
   ① 쓰느라고   ② 쓰자마자
   ③ 쓰다가는   ④ 쓰기 위해서

2 가: 날씨가 추우니까 집에서 나가기가 싫어요.
   나: 그렇게 안 (   ) 운동 부족이 될 거예요.
   ① 움직이더라도   ② 움직이다가는
   ③ 움직였을 텐데   ④ 움직일 테니까

연습2

1 가: 저는 기분이 안 좋으면 노래방에 가서 몇 시간씩 노래를 불러요.
   나: 노래를 너무 오래 _____ 목이 금방 상할 거예요.

2 가: 저는 커피를 정말 좋아해서 하루에 10잔 정도는 마시는 것 같아요.
   나: 그렇게 커피를 많이 _____ 건강에 안 좋을 수 있어요.

3 가: 요즘 공부를 하느라고 며칠 동안 잠을 거의 못 잤어요.
   나: 공부도 좋지만 그렇게 잠을 안 _____ 쓰러질지도 몰라요.

4 가: 너무 더우니까 계속 찬 것만 먹게 돼요.
   나: 찬 음식을 그렇게 많이 _____ 배탈이 날 수도 있어요.

5 가: 게임을 너무 많이 해서 팔이 아파요.
   나: 게임을 그렇게 많이 _____ 눈도 나빠질 거예요.

3 –고 말다

★ 어떤 일이 의도하지 않은 상황에서 일어났음을 나타냄.
It means that something unintended has happened.

활용 형태

동사	–고 말다

활용 예문

- 휴대폰을 보며 걷다가 넘어지고 말았어요.
- 라면을 먹다가 국물을 쏟고 말았어요.
- 아이들 문제 때문에 아내와 다투고 말았어요.
- 갑자기 비가 내려서 옷이 다 젖고 말았어요.
- 남자 친구와 싸워서 헤어지고 말았어요.
- 다이어트를 하려고 했지만 결국 또 야식을 먹고 말았어요.

※ 유사 표현 '–어 버리다'는 자신의 의도가 들어있는 경우에 쓴다.
- 피자가 너무 맛있어서 다 먹어 버렸어요. (의도 O)
- 피자가 너무 맛있어서 다 먹고 말았어요. (의도 X)

연습1

1 내일 시험이라 공부해야 하는데 잠이 (   ).
   ① 들기로 했어요   ② 들곤 했어요
   ③ 들고 말았어요   ④ 들게 마련이에요

2 가: 친구들과 기차 여행을 간다고 했잖아요?
   나: 늦잠을 자서 기차를 (   ).
   ① 놓치기는요   ② 놓치곤 했어요
   ③ 놓칠걸 그랬어요   ④ 놓치고 말았어요

연습2

1 가: 여자 친구가 왜 화가 났어요?
   나: 요즘 일이 바빠서 여자 친구 생일을 _____.

2 가: 드라마가 많이 슬펐어요?
   나: 네, 특히 마지막 장면이 너무 슬퍼서 나도 모르게 _____.

3 가: 왜 그렇게 놀란 얼굴을 하고 있어요?
   나: 실수로 컴퓨터에서 중요한 파일을 _____.

4 가: 비가 오는데 우산도 없이 왔어요?
   나: 지하철에서 졸다가 우산을 두고 그냥 _____.

5 가: 왜 이렇게 다쳤어요?
   나: 계단에서 뛰어 내려오다가 _____.

14 지금 가 봤자 늦어서 안 돼요

학습 문법	1. -는다면서요? 2. -을 수밖에 없다 3. -어 봤자

 이렇게 말해요!

가: 영수 씨가 쓰러져서 병원에 **입원했다면서요**?

나: 네, 매일 야근하느라고 거의 쉬지도 못했으니 **쓰러질 수밖에 없었을 거예요**.

가: 문병이라도 가 봐야 하지 않을까요?

나: 지금은 **가 봤자** 늦어서 만나기 어려울 거예요. 내일 오전에 같이 가요.

 문법 예문

1 -는다면서요?
    미영 씨가 다음 주에 결혼한다면서요?

2 -을 수밖에 없다
    우산이 없어서 비를 맞을 수밖에 없었어요.

3 -어 봤자
    너무 늦어서 지금 가 봤자 기차를 탈 수 없을 거예요.

1 -는다면서요?

★ 다른 사람에게 들은 내용을 다시 확인함.
It means to confirm what was heard by another person.

 활용 형태

동사	현재	-(느)ㄴ다면서요?
	과거	-았/었/였다면서요?
	미래	-(으)ㄹ 거라면서요?
형용사	현재	-다면서요?
	과거	-았/었/였다면서요?
(명사)이다	현재	(이)라면서요?
	과거	이었/였다면서요?

활용 예문

- 어제 친구와 영화를 봤다면서요?
- 내일 행사에서 한복을 입을 거라면서요?
- 그 식당 음식이 아주 맛있다면서요?
- 이번 시험이 어렵다면서요?
- 이번 여행이 그렇게 좋았다면서요?
- 저 분이 영수 씨 아버님이라면서요?

연습1

1 어제 민수 씨 집에 도둑이 (　　　　)?
   ① 들었다면서요　　② 들 거라면서요
   ③ 들곤 한다면서요　　④ 들까 했다면서요

2 가: 영수 씨와 미선 씨가 결혼을 (　　　　)?
   나: 네, 다음 주말에 한다고 해요.
   ① 했다면서요　　② 할 거라면서요
   ③ 할 뻔 했다면서요　　④ 할 걸 그랬다면서요

연습2

1 가: 제인 씨가 많이 _____?
   나: 네, 교통사고가 나서 많이 다쳤대요.

2 가: 축하해요. 좋은 회사에 _____?
   나: 감사해요. 꼭 들어가고 싶었던 회사라서 정말 기뻐요.

3 가: 졸업하면 유학을 _____?
   나: 네, 외국에서 공부를 해 보고 싶었거든요.

4 가: 요즘 중국어를 _____?
   나: 네, 예전부터 배우고 싶었는데 시간이 안 맞아서 그동안 못 했거든요.

5 가: 좋아하는 가수를 드디어 _____?
   나: 네, 공연을 보러 갔는데 직접 만나고 얘기도 할 수 있어서 정말 좋았어요.

2 -을 수밖에 없다

★ 다른 방법이 없음.
It means there is no other way.

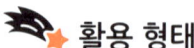 활용 형태

동사 형용사	-(으)ㄹ 수밖에 없다

활용 예문

- 내일까지 일을 끝내려면 오늘 밤을 새울 수밖에 없어요.
- 돈이 하나도 없어서 친구한테 빌릴 수밖에 없었어요.
- 혼자서 밥을 먹을 수밖에 없어요.
- 연휴라서 고속도로가 막힐 수밖에 없어요.
- 에어컨이 고장이 나서 사무실이 더울 수밖에 없어요.
- 새로 나온 휴대폰이라서 비쌀 수밖에 없어요.

 ※ 명사에는 '밖에 없다'로 쓴다.
  • 지갑에 돈이 천 원밖에 없어요.

연습1

1 일을 하다가 막차를 놓쳤으니 (   ).

    ① 걷고 말았어요   ② 걸을 정도예요
    ③ 걸어갈 걸 그랬어요   ④ 걸어갈 수밖에 없어요

2 가: 왜 이렇게 도로가 막히지요?

    나: 내일부터 명절 연휴 시작이라 차가 (   ).

    ① 많으려고 해요   ② 많을 줄 몰랐어요
    ③ 많을 수밖에 없어요   ④ 많았던 적이 없었어요

연습2

1 가: 시험 결과가 안 좋다면서요?

    나: 네, 공부를 전혀 안 했으니까 시험에 _____.

2 가: 학교에 왜 이렇게 학생들이 없어요?

    나: 방학이라서 학생들이 _____.

3 가: 밖이 왜 이렇게 시끄러워요?

    나: 바로 옆에서 지하철 공사를 하기 때문에 _____.

4 가: 회사를 그만둔다면서요?

    나: 네, 건강이 나빠져서 일을 _____.

5 가: 가게 영업을 안 한다면서요?

    나: 네, 손님이 없어서 가게 문을 _____.

3 -어 봤자

★ 어떤 행동을 해도 아무 소용이 없음을 나타냄.
  It means there is no use in taking any action.

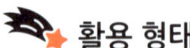 **활용 형태**

동사 형용사	-아/어/여 봤자

활용 예문

- 지금 가 봤자 이미 공연이 끝났을 거예요.
- 배가 너무 고프기 때문에 빵 한 개는 먹어 봤자 소용없어요.
- 그 사람에게 물어 봤자 모를 거예요.
- 여기서 기다려 봤자 그 사람은 오지 않아요.
- 비가 너무 많이 내려서 우산을 써 봤자 다 젖겠어요.
- 아무리 추워 봤자 북극보다 춥겠어요?

 ※ '-는댔자'와 의미 차이 없이 바꿔 쓸 수 있다.
 • 지금 간댔자 이미 공연이 끝났을 거예요.

연습1

1 그렇게 낭비를 하면 아무리 돈을 (   ) 모을 수 없겠어요.
   ① 벌수록　　　　　　　② 벌 텐데
   ③ 벌려다가　　　　　　④ 벌어 봤자

2 가: 점심시간이 지났는데 아직 식사도 안 했어요?
   나: 소화가 안 돼서 밥을 (   ) 더 안 좋을 것 같아서요.
   ① 먹을 정도　　　　　　② 먹어 봤자
   ③ 먹을 테니까　　　　　④ 먹기는 하지만

연습2

1 가: 왜 청소를 안 해요?
   나: 지금 청소를 _____ 아이들 때문에 금방 더러워지거든요.

2 가: 오늘은 도서관에 안 가요?
   나: 내일이 시험이라 도서관에 _____ 자리도 없을 거예요.

3 가: 왜 이렇게 음식을 조금 만들어요?
   나: 음식을 많이 _____ 먹을 사람이 없어요.

4 가: 늦었다면서 왜 안 뛰어요?
   나: 지금 _____ 이미 늦었거든요.

5 가: 그 친구에게 미안하다고 사과했어요?
   나: 내가 _____ 그 친구는 들어 주지 않을 거예요.

15 아침에는 맑더니 갑자기 비가 와요

학습 문법	1. -더니 2. -다면 3. -기보다는

이렇게 말해요!

가: 밖에 비가 와요?
나: 네, 아침에는 날씨가 **맑더니** 갑자기 비가 내리네요.
가: 내일도 비가 **온다면** 소풍을 취소해야겠어요.
나: **취소하기보다는** 실내에서 놀 수 있는 곳으로 가면 어때요?

문법 예문

1 -더니
   전에는 김치를 못 먹더니 이제 잘 먹네요. (대조)
   민수가 열심히 공부하더니 일등을 했어요. (원인)

2 -다면
   시험에 합격을 한다면 정말 기분이 좋을 것 같아요.

3 -기보다는
   집에서 잠만 자기보다는 산책이라도 하는 게 건강에 좋아요.

1 -더니

★ 과거에 경험한 사실에 이어서 어떤 사실을 말할 때 쓰며 대조나 원인을 말함.
It is used to state a certain fact following the truth experienced in the past, and refers to contrast or cause.

활용 형태

동사 형용사	-더니

활용 예문

- 동생이 전에는 채소를 안 먹더니 이제는 좋아해요. (대조)
- 아이가 조금 전까지 잘 놀더니 지금은 자고 있어요. (대조)
- 어제까지 그렇게 덥더니 오늘은 좀 시원해졌네요. (대조)
- 현아 씨가 공부를 정말 열심히 하더니 좋은 대학에 합격했어요. (원인)
- 두 사람이 사이가 좋더니 결혼을 한다고 해요. (원인)
- 그렇게 담배를 많이 피우더니 건강이 안 좋아졌군요. (원인)

※ '-더니'는 자신의 경험보다 주로 다른 사람의 상황이나 상태를 보고 말할 때 쓴다. 자신의 경우는 '-었더니'를 씀.
- (내가) 운동을 열심히 했더니 건강이 아주 좋아졌어요. ('-었더니' 참조)
- (다른 사람이) 운동을 열심히 하더니 건강이 아주 좋아졌네요.

연습1

1 아침부터 날씨가 계속 (　　　) 비가 내리네요.
   ① 흐릴수록　　　　　② 흐리지만
   ③ 흐리더니　　　　　④ 흐리더라도

2 가: 제인 씨가 며칠 동안 발표 준비를 (　　　) 정말 잘 하네요.
   나: 그러네요. 아주 멋져요.
   ① 하더니　　　　　② 했지만
   ③ 하면서　　　　　④ 했어도

연습2

1 가: 지영이가 어릴 때는 키가 _____ 이제는 아주 많이 컸네요.
   나: 그러게요. 이제는 어른이 다 됐어요.

2 가: 매일 일찍 _____ 오늘은 왜 이렇게 늦게 나왔어요?
   나: 아침에 청소를 하느라고 좀 늦었어요.

3 가: 한국에 처음 왔을 때는 매운 음식을 못 _____ 이제는 아주 잘 먹네요.
   나: 네, 매운 음식은 먹을수록 맛있는 것 같아요.

4 가: 영수 씨와 민아 씨가 그동안 열심히 _____ 드디어 결혼을 하네요.
   나: 맞아요. 정말 축하할 일이에요.

5 가: 진호 씨가 며칠 째 밤을 새워 일만 _____ 병원에 입원했다고 해요.
   나: 건강이 가장 중요한 건데 걱정이네요.

2 -다면

★ 어떤 상황을 가정하여 뒤의 상황이나 행동에 대한 조건을 나타냄.
It is the condition of the following situation or action in presumption of a certain situation.

활용 형태

동사	현재	-(느)ㄴ다면
	과거	-았/었/였다면
형용사	현재	-다면
	과거	-았/었/였다면
(명사)이다	현재	(이)라면
	과거	이었/였다면

활용 예문

- 집들이에 초대를 받는다면 무슨 일이 있어도 참석을 해야지요.
- 건강에 좀 더 신경을 썼다면 이렇게 아프지 않았을 거예요.
- 그때 일을 잘 처리했다면 지금 이렇게 힘들지 않았을 텐데.
- 돈이 많다면 어려운 사람들을 위해 돕고 싶어요.
- 내가 키가 컸다면 농구 선수가 되었을 거예요.
- 내가 선생님이라면 학생들과 대화를 많이 할 거예요.

연습1

1 길을 가다가 큰돈을 (　　　　　) 경찰서에 신고를 해야 해요.
   ① 주워도　　　　　　　② 줍더니
   ③ 주웠지만　　　　　　④ 줍는다면

2 가: 첫 월급을 받으면 가장 먼저 하고 싶은 게 뭐예요?
   나: 취직을 해서 첫 월급을 (　　　　　) 부모님께 좋은 선물을 해 드리고 싶어요.
   ① 받느라고　　　　　　② 받다가는
   ③ 받는다면　　　　　　④ 받아 봤자

연습2

1 가: 네가 내 상황을 ＿＿＿＿＿＿＿＿＿＿ 내게 그런 말을 할 수 없었을 거야.
   나: 미안해. 그렇게 어려운 상황인 줄 정말 몰랐어.

2 가: 어떤 부모가 되고 싶어요?
   나: 제가 부모가 ＿＿＿＿＿＿＿＿＿＿ 아이가 원하는 것을 하게 할 거예요.

3 가: 왜 다니던 직장을 그만뒀어요?
   나: 동료와 말다툼을 하지 ＿＿＿＿＿＿＿＿＿＿ 그만두지 않았을 거예요.

4 가: 좋아하는 연예인을 만나면 뭐 하고 싶어요?
   나: 좋아하는 연예인을 ＿＿＿＿＿＿＿＿＿＿ 같이 사진을 찍고 싶어요.

5 가: 왜 영화를 보다가 잤어요?
   나: 영화가 ＿＿＿＿＿＿＿＿＿＿ 도중에 잠이 들지 않았을 거예요.

3 -기보다는

★ 앞의 행동을 하는 것보다 뒤의 행동이나 상황이 더 좋음을 나타냄.
It means the following action or situation is better than the preceding action.

 활용 형태

동사	-기보다는

활용 예문

- 요리는 책으로 배우기보다는 직접 해 봐야 늘어요.
- 휴일에는 늦잠을 자기보다는 운동을 하는 것이 좋아요.
- 외식을 하기보다는 집에서 먹는 것이 더 좋지요.
- 노래를 그냥 듣기보다는 부르는 것이 더 즐거워요.
- 문자 메시지를 보내기보다는 직접 만나서 얘기를 하는 게 나아요.
- 이 과일은 그냥 먹기보다는 주스로 만들어 먹는 것이 더 맛있어요.

 ※ '-는 것보다'의 형태로 바꿔 쓸 수 있다.
- 요리는 책으로 배우는 것보다 직접 해 봐야 늘어요.

연습1

1 직접 다니면서 물건을 (   ) 인터넷으로 쇼핑하는 것이 더 편리해요.

① 사자마자　　　　　　② 사다가는

③ 사기보다는　　　　　④ 사기 위해서

2 가: 무슨 편지를 그렇게 예쁘게 써요?

나: 가끔은 말로 (   ) 이렇게 글로 마음을 표현하는 게 좋아요.

① 할수록　　　　　　　② 하고자

③ 하느라고　　　　　　④ 하기보다는

연습2

1 가: 점심은 뭘 해 먹을까요?

나: 집에서 만들어 _____ 나가서 사 먹는 것이 어때요?

2 가: 비가 많이 오는데 우산을 빌려 드릴까요?

나: 아니에요. 우산을 _____ 비옷을 입는 게 낫겠어요.

3 가: 저는 주말에 보통 집에서 쉬는 게 좋은데 영수 씨는 어때요?

나: 저는 집에서 _____ 밖에 나가 운동을 많이 하는 편이에요.

4 가: 저는 혼자 음악을 듣는 것을 좋아해요.

나: 저는 혼자 음악을 _____ 공연장에 가서 직접 듣는 것이 좋아요.

5 가: 한국 드라마를 많이 보면 한국어 공부에 도움이 될까요?

나: 드라마를 _____ 한국 친구를 많이 사귀어 보세요.

16. 다른 사람에게 주든지 하는 게 어때요

학습 문법	1. –을 겸 2. –든 –든 3. –더라면

이렇게 말해요!

가: 뭐가 그렇게 바빠요?

나: 옷장 정리도 **할 겸** 안 입는 옷을 버리려고요.

가: 그럼 다른 사람에게 **주든** 기증을 **하든** 하는 게 어때요? 자기는 안 **쓰더라도** 다른 사람한테는 필요할 수도 있잖아요.

나: 아, 그래야겠네요. 진작 **알았더라면** 더 많이 기증했을 텐데……

(※기증: 돈이나 물건 등을 남을 위해 그냥 줌.)

문법 예문

1 –을 겸
부산에 사는 친구도 만나고 여행도 할 겸 부산에 다녀왔어요.

2 –든 –든
국수를 먹든 김밥을 먹든 선택하세요.

3 –더라면
공부를 좀 더 열심히 했더라면 합격을 했을 거예요.

1 -을 겸

★ 두 가지의 행동을 동시에 함.
It means two actions are done at the same time.

활용 형태

동사	-을 겸

활용 예문

- 친구와 이야기도 하고 산책도 할 겸 공원에 갔어요.
- 경험도 쌓고 공부도 할 겸 유학을 결정했어요.
- 새로 나온 책도 사고 동생 선물도 살 겸 서점에 다녀왔어요.
- 건강도 지키고 사람들도 사귈 겸 자전거 동호회에 가입했어요.
- 쓰기 공부도 할 겸 매일 한국어로 일기를 써요.
- 발음 연습도 하고 외국 문화도 배울 겸 외국 친구를 사귀었어요.

※ 명사의 경우 'N 겸'의 형태로 쓰며, 한 사람이 두 가지의 직업을 가진 의미가 된다. 유사한 의미로 'N이자'도 있다.
- 그 사람은 가수 겸 작곡가이다.
- 그 사람은 가수이자 작곡가이다.

연습1

1 새로운 경험도 (　　　　) 외국 문화도 공부할 겸 배낭여행을 가려고 해요.
   ① 쌓느라고　　　　　　② 쌓을 겸
   ③ 쌓는다면　　　　　　④ 쌓을 텐데

2 가: 오랜만에 휴식도 하고 가족들과 좋은 시간도 (　　　　) 여행을 가요.
   나: 그래요? 즐거운 시간 보내고 오세요.
   ① 보낼 겸　　　　　　② 보낼수록
   ③ 보내더니　　　　　　④ 보내려다가

연습2

1 가: 무슨 요리를 만들고 있어요?
   나: 요리 연습도 _____ 불고기를 만들어 보고 있어요.

2 가: 영화도 _____ 주말에 만날까요?
   나: 아, 미안해요. 주말에 다른 약속이 있어요.

3 가: 선물도 _____ 근처 새로 생긴 식당에 가서 점심 먹을까요?
   나: 좋은 생각이에요. 지금 가요.

4 가: 우리 불꽃축제도 _____ 한강공원에 갈까요?
   나: 네, 좋아요. 저도 불꽃축제 꼭 보고 싶었는데 잘 됐네요.

5 가: 부모님도 뵙고 친구들도 _____ 고향에 다녀왔어요.
   나: 정말 좋았겠네요. 저도 고향에 가고 싶어요.

2 -든 -든

★ 선택의 의미를 나타냄.
It means a choice.

활용 형태

동사 형용사	-든(지) -든(지)
(명사)이다	(이)든(지)

활용 예문

- 이번 휴가에는 여행을 가든 요리를 배우든 할 거예요.
- 방이 깨끗하든지 더럽든지 신경 쓰지 않아요.
- 주말에는 영화를 보든 친구를 만나든 할 거예요.
- 싫든지 좋든지 상관없이 지금은 이 일을 꼭 해야 해요.
- 배가 고프니까 밥이든지 빵이든지 다 좋아요.
- 아침이든 밤이든 괜찮으니까 꼭 전화해 주세요.

 ※ 어떤 행동을 하고 안 하고의 선택은 '-든지 말든지'를 쓴다.
  • 공부를 하든지 말든지 네 마음대로 해라.

연습1

1 한번 선택을 했으면 그 일이 (　　　　　) 상관없이 최선을 다해야 합니다.

   ① 쉽기는 하겠지만　　　　　② 쉽든지 어렵든지

   ③ 쉬울 뿐만 아니라　　　　　④ 쉬울 수밖에 없더라도

2 가: 졸업 후에 취직을 해야 할까요?

   나: 취직을 (　　　　) 너의 선택이니까 잘 생각해.

   ① 하든 말든　　　　　② 하기보다는

   ③ 하는 데다가　　　　　④ 하기는 하지만

연습2

1 가: 내일 비가 와도 소풍을 가요?

   나: 비가 _____ 소풍을 갈 거예요.

2 가: 저는 춤을 못 추는데 그래도 괜찮아요?

   나: 춤을 _____ 상관없이 즐기기만 하면 돼요.

3 가: 이 가방은 너무 무거운데 괜찮겠어요?

   나: 디자인이 멋있으니까 _____ 다 좋아요.

4 가: 오늘 저녁에 한식을 먹을까요?

   나: _____ 저는 다 괜찮아요.

5 가: 우리 이번 휴가에 바다로 갈까요?

   나: _____ 다 좋으니까 어디든 가요.

3 -더라면

★ 과거의 일에 대한 반대의 상황을 가정하여 나타냄.
It is assuming the opposite scenario of what happened in the past.

활용 형태

동사 형용사	과거	-았/었/였더라면
(명사)이다	과거	이었/였더라면

활용 예문

● 비가 안 왔더라면 밖에서 자전거를 탔을 거예요.
● 시험을 잘 봤더라면 부모님께서 좋아하셨을 거예요.
● 날씨가 더 추웠더라면 눈이 내렸겠지요.
● 시간이 조금만 늦었더라면 비행기를 놓쳤을 거예요.
● 키가 조금 더 컸더라면 농구선수가 됐을지도 몰라요.
● 내가 선생님이었더라면 학생들을 잘 가르쳤을 거예요.

※ 현재의 상황과는 반대가 되며 '-다면'과 의미 차이 없이 바꿔 쓸 수 있다.
  • 비가 안 왔다면 밖에서 자전거를 탔을 거예요.

연습1

1 제가 요리를 잘 (　　　　) 가족들을 위해 음식을 자주 만들었을 거예요.

① 한다면　　　　　　② 해 봤자

③ 할 텐데　　　　　　④ 했더라면

2 가: 왜 그렇게 조금밖에 안 먹어요?

　　나: 아까 간식을 안 (　　　　) 더 많이 먹었을 거예요.

① 먹고자　　　　　　② 먹느라고

③ 먹었더라면　　　　④ 먹으려다가

연습2

1 가: 연락을 너무 늦게 드려서 죄송합니다.

　　나: 좀 더 일찍 연락을 _____ 준비를 잘 했을 텐데요.

2 가: 이렇게 빨리 표가 매진될 줄은 몰랐어요.

　　나: 빨리 예매를 _____ 좋았을 걸 그랬어요.

3 가: 건강이 많이 안 좋아지셨나 봐요.

　　나: 네, 좀 더 젊었을 때 건강을 _____ 좋았을 걸 후회가 돼요.

4 가: 약속 시간에 많이 늦었는데 어떻게 할까요?

　　나: 택시를 타지 말고 지하철을 _____ 나았을지도 몰라요.

5 가: 이번 여행은 재미있었어요?

　　나: 네, 지영 씨도 함께 _____ 더 재미있었을 거예요.

17 싫은 소리를 했더니 화가 났나 봐요

학습 문법	1. –던데요 2. –었더니 3. –나 보다

이렇게 말해요!

가: 아까 수정 씨가 혼자 밥을 **먹던데요**. 무슨 일 있어요? 항상 둘이 같이 식사를 했잖아요.

나: 제가 듣기 싫은 소리를 좀 **했더니** 화가 **났나 봐요**.

가: 그랬군요. 가까운 사이일수록 더 신경을 써야 하는 것 같아요.

나: 이따가 제가 사과를 해야겠어요.

문법 예문

1 –던데요
아까 보니까 민수 씨가 혼자서 피자 두 판을 다 먹던데요.

2 –었더니
백화점에 갔더니 벌써 문을 닫았어요.

3 –나 보다
옆집이 아주 시끄러운 걸 보니 싸우나 봐요.

1 -던데요

★ 과거에 어떤 사실에 대해 놀라거나 감탄하며 문장을 끝냄.

It means the sentence ends with a surprise or admiration about a certain fact that happened in the past.

 활용 형태

동사 형용사	현재	-던데요
	과거	-았/었/였던데요
(명사)이다	현재	(이)던데요
	과거	이었/였던데요

활용 예문

- 수지 씨가 노래를 정말 잘 하던데요.
- 제인 씨가 한국 음식을 아주 잘 만들었던데요.
- 서울이 생각보다 여름 날씨가 너무 덥던데요.
- 어제 본 영화가 정말 재미있던데요.
- 아까 온 편지는 영수 씨에게서 온 거던데요.
- 이곳이 옛날에는 산이었던데요.

 ※ '-더군요'와 의미 차이 없이 쓸 수 있다.
  - 수지 씨가 노래를 정말 잘 하더군요.
  - 어제 본 영화가 정말 재미있더군요.

연습1

1 제주도에 가 보니까 생각했던 것보다 훨씬 더 (　　　　).

　　① 아름답기는요　　　　　② 아름답잖아요

　　③ 아름답던데요　　　　　④ 아름다울 만했어요

2 가: 제인 씨는 고향에 잘 도착했다고 해요?

　　나: 네, 잘 도착했다고 이메일을 (　　　　).

　　① 보내거든요　　　　　② 보내기는요

　　③ 보내야지요　　　　　④ 보냈던데요

연습2

1 가: 영미 씨 못 봤어요?

　　나: 아까 집에 _____. 많이 피곤해 보였어요.

2 가: 시험은 잘 봤어요?

　　나: 아니요, 시험 문제가 너무 _____.

3 가: 수지 씨 성격이 아주 조용한 편이지요?

　　나: 아니요, 만나 보니까 성격이 아주 _____.

4 가: 어제 어디 갔었어요?

　　나: 남산에 다녀왔는데 야경이 정말 _____.

5 가: 사물놀이 공연은 어땠어요?

　　나: 아주 훌륭했어요. 한국 전통 악기 연주를 직접 들으니까 _____.

2 -었더니

★ 과거의 사실이나 자신의 경험에 이어서 어떤 사실을 말할 때 씀.
It is used make a statement following an occurrence or your own experience in the past.

활용 형태

| 동사 | -았/었/였더니 |

활용 예문

- 수영장에 갔더니 사람이 정말 많았어요.
- 집에 전화해 봤더니 아무도 받지 않았어요.
- 에어컨을 켜 놓고 잤더니 감기에 걸렸어요.
- 원피스를 집에서 세탁했더니 못 입게 되었어요.
- 매일 어학 방송을 들었더니 듣기 실력이 좋아졌어요.
- 창문을 열어 놓고 나갔더니 도둑이 들었어요.

※ 말하는 사람이 주어가 되어야 하며 다른 사람의 경우에는 과거라고 해도 '-더니'를 써야 한다. ('-더니' 참조)

연습1

1 목이 아파서 며칠 (　　　　) 이제 괜찮아졌어요.

　① 쉴까 봐　　　　　　② 쉴 텐데
　③ 쉬었더니　　　　　　④ 쉬어 봤자

2 가: 얼굴이 왜 그래요?
　나: 어젯밤에 라면을 먹고 (　　　　) 얼굴이 많이 부었어요.

　① 자더니　　　　　　　② 잤더니
　③ 잘수록　　　　　　　④ 자느라고

연습2

1 가: 왜 아직 점심도 안 먹었어요?
　나: 아침에 시간이 없어서 밥을 급하게 ＿＿＿＿＿＿＿ 속이 불편해서요.

2 가: 많이 피곤해 보이네요.
　나: 어제 시험공부를 하느라고 밤을 ＿＿＿＿＿＿＿ 좀 피곤해요.

3 가: 이 케이크 정말 맛있네요. 어떻게 만들었어요?
　나: 인터넷에 나온 대로 케이크를 ＿＿＿＿＿＿＿ 맛있는 것 같아요.

4 가: 어떻게 다이어트를 했어요?
　나: 운동을 열심히 하면서 식사도 반으로 ＿＿＿＿＿＿＿ 살이 많이 빠졌어요.

5 가: 한국어 발음이 정말 좋아졌네요.
　나: 한국 친구와 대화를 많이 ＿＿＿＿＿＿＿ 도움이 많이 되었어요.

3. –나 보다

★ 어떤 사실이나 상황을 보고 짐작하거나 추측할 때 씀.
It is used to presume or guess via a certain fact or situation.

활용 형태

동사	현재	-나 보다
	과거	-았/었/였나 보다
	미래	-(으)ㄹ 건가 보다
형용사	현재	-(으)ㄴ가 보다
	과거	-았/었/였나 보다
(명사)이다	현재	인가 보다
	과거	이었/였나 보다

활용 예문

- 사람들이 많이 나오는 걸 보니까 영화가 끝났나 봐요.
- 밖에 비가 오나 봐요. 사람들이 우산을 많이 사네요.
- 수업이 끝났나 봐요. 학생들이 교실 밖으로 나오고 있어요.
- 날이 춥고 흐린 걸 보니까 눈이 내릴 건가 봐요.
- 전화를 안 받는 걸 보니 많이 바쁜가 봐요.
- 차가 많이 막히는 걸 보니 교통사고인가 봐요.

연습1

1 학교에 학생들이 별로 없는 걸 보니 수업이 다 (   ).
   ① 끝났잖아요   ② 끝날까 해요
   ③ 끝났나 봐요   ④ 끝날 건가 봐요

2 가: 어쩌지요? 기차가 벌써 (   ).
   나: 좀 더 일찍 출발할 걸 그랬어요.
   ① 떠나야지요   ② 떠났나 봐요
   ③ 떠날 뻔 했어요   ④ 떠나려던 참이에요

연습2

1 가: 수지 씨가 오늘도 결석을 한 걸 보니 많이 _____.
   나: 그러네요. 연락을 해 봐야겠어요.

2 가: 미영 씨는 모르는 것이 없네요. 책을 많이 _____.
   나: 네, 미영 씨는 늘 책을 손에 들고 다니더라고요.

3 가: 저 식당 음식이 _____. 식당 앞에 늘 사람들이 기다리고 있어요.
   나: 우리도 언제 한번 가서 먹어 보기로 해요.

4 가: 민수 씨가 뭘 _____. 아까부터 계속 찾고 있어요.
   나: 지갑을 잃어버렸다고 하더라고요.

5 가: 제인 씨가 장학금을 _____. 기분이 아주 좋아 보여요.
   나: 네, 열심히 노력하더니 장학금을 받았다고 해요.

18 늦잠을 자는 바람에 좀 늦었어요

학습 문법	1. –는 바람에 2. –는 대신(에) 3. –기만 하다

이렇게 말해요!

가: 왜 이렇게 늦었어요?

나: 미안해요. 늦잠을 **자는 바람에** 좀 늦었어요.

가: 시간이 늦었으니까 공연을 **보는 대신에** 식사나 하지요.

나: 좋아요. 늘 제가 **얻어먹기만 했으니까** 오늘은 제가 살게요.

문법 예문

1 –는 바람에

밥을 너무 빨리 먹는 바람에 체한 것 같아요.

2 –는 대신(에)

영희 생일이니까 내가 케이크를 사는 대신에 너는 꽃을 사면 되겠네.

3 –기만 하다

운동은 하지 않고 먹기만 했더니 살이 많이 쪘어요.

1 –는 바람에

★ 뒤에 나오는 상황의 원인이나 근거를 나타내며 주로 부정적인 상황에 씀.
It means the cause or ground of the following situation and is usually used for a negative situation.

 활용 형태

동사	–는 바람에

활용 예문

- 비가 너무 많이 오는 바람에 옷이 다 젖었어요.
- 지하철을 잘못 타는 바람에 학교에 늦었어요.
- 늦게까지 게임을 하는 바람에 늦잠을 잤어요.
- 뒤에서 누군가 내 옷을 잡는 바람에 넘어졌어요.
- 옆에서 떠드는 바람에 자다가 깼어요.
- 친구가 화를 내는 바람에 아무 말도 못 했어요.

※ 부정적인 상황에서의 이유나 근거를 나타내는 유사 표현으로 '–는 탓에'가 있다.
  • 지하철을 잘못 탄 탓에 학교에 늦었어요.

연습1

1 급하게 뛰어 가다가 (　　　　) 다리를 다치고 말았어요.
　① 넘어질 정도로　　　　② 넘어지는 바람에
　③ 넘어지기는 했지만　　④ 넘어질 수 있어도

2 야근을 하다가 막차를 (　　　　) 택시를 탈 수밖에 없었어요.
　① 놓치더라도　　　　　② 놓치곤 해서
　③ 놓칠 뻔해서　　　　④ 놓치는 바람에

연습2

1 가: 어제 운전하다가 사고가 났다면서요?
　나: 네, 앞 차가 갑자기 _____ 앞 차와 부딪혔어요.

2 가: 항상 일찍 나오더니 오늘은 왜 지각을 했어요?
　나: 새벽까지 축구 경기를 _____ 늦잠을 잤어요.

3 가: 왜 이렇게 늦었어요?
　나: 지갑을 _____ 돈이 하나도 없어서 걸어왔어요.

4 가: 어디가 아파요? 안색이 안 좋아요.
　나: 어제 늦게까지 술을 _____ 지금도 속이 안 좋아요.

5 가: 우리 일 끝나고 쇼핑하러 갈래요?
　나: 미안해요. 이번 달은 생활비를 다 _____ 돈이 다 떨어졌어요.

2 –는 대신(에)

★ 앞의 행동과 다르거나 반대의 뜻을 나타냄.
It is used when something is different from or opposed to the preceding action.

활용 형태

동사	–는 대신(에)
형용사	–(으)ㄴ 대신(에)
(명사)이다	대신(에)

활용 예문

- 아침에 밥을 먹는 대신에 빵을 먹어요.
- 이 제품은 품질이 좋은 대신 좀 비싸요.
- 이번 출장은 동료 대신에 제가 가기로 했어요.
- 술을 마시는 대신에 차나 한잔 합시다.
- 머리가 아프면 약을 먹는 대신 나가서 산책을 해 보세요.
- 이번 방학에는 여행 대신 아르바이트를 할 거예요.

연습1

1 하숙집은 방값이 (　　　　) 교통이 불편해요.
   ① 싸다고　　　　　　② 싼 대신에
   ③ 싼 데다가　　　　　④ 싼 편은 아니지만

2 가: 왜 회사를 그만뒀어요?
   나: 회사가 일이 별로 없어서 (　　　　) 월급이 너무 적어서요.
   ① 편할 텐데　　　　　② 편할 뿐더러
   ③ 편한 대신에　　　　④ 편하기는커녕

연습2

1 가: 제가 청소를 할까요?
   나: 아니요, _____ 설거지를 도와 주세요.

2 가: 시간도 없는데 택시를 탈까요?
   나: 택시를 _____ 지하철을 탑시다.

3 가: 심심한데 우리 영화나 보러 갈까요?
   나: 날도 좋은데 영화를 _____ 자전거 타러 가요.

4 가: 생일 선물로 뭐 갖고 싶어요?
   나: _____ 같이 연극 공연 보러 가요.

5 가: 졸업 후에 취업을 할 거예요?
   나: 아니요, _____ 유학을 가기로 결정했어요.

3 -기만 하다

★ 다른 행동은 하지 않고 오직 한 가지 행동만 함.
It means only one particular action is done.

활용 형태

동사 형용사	-기만 하다

활용 예문

- 동생이 아무 말 없이 울기만 해요.
- 나는 저 영화가 슬프기만 한데 너는 안 그래?
- 너무 배가 고파서 그냥 먹기만 했어요.
- 여기서 기다리기만 하면 그 사람이 올 것 같아요?
- 배우는 예쁘기만 하면 성공할 수 없어요.
- 나는 무섭기만 한데 그렇게 재미있어요?

연습1

1 이 음식은 값이 (　　　　) 맛이 하나도 없네요.

　① 비싸서　　　　　　　② 비싸더라도

　③ 비싼 대신에　　　　　④ 비싸기만 하고

2 그 사람은 아무 말도 없이 미안한 표정을 지으며 계속 (　　　　).

　① 웃도록 했다　　　　　② 웃을 뻔했다

　③ 웃을까 했다　　　　　④ 웃기만 했다

연습2

1 가: 이번에 정말 고생 많으셨습니다.

　나: 아니에요. 저는 아무 것도 하는 일 없이 옆에 서 _____.

2 가: 주말은 재미있게 보냈어요?

　나: 재미있게 보내기는요. 피곤해서 하루 종일 _____.

3 가: 이 카메라는 사용하기 복잡한 것 같아요.

　나: 복잡하지 않아요. 설명서에 있는 대로 _____.

4 가: 사람들 앞에서 무슨 말을 해야 할지 모르겠어요.

　나: 제가 써 드릴 테니까 여기 있는 것을 그대로 _____.

5 가: 방학 동안에 공부를 많이 했어요?

　나: 아니요, 공부는 하나도 안 하고 _____.

19. 칭찬을 받는 만큼 더 잘해야 해요

학습 문법	1. -을 뿐(만) 아니라 2. -을 리가 없다 3. -는 만큼

 이렇게 말해요!

가: 방송에 나온 유명한 식당에 갔는데 직원들이 **불친절할 뿐만 아니라** 음식도 별로 맛이 없었어요.

나: '좋은 식당'으로 선정되어 멀리서도 찾아갈 정도로 유명하다는데 **그럴 리가 없어요**.

가: **유명해진 만큼** 더 신경을 써야 하는데 그렇지 않은 것 같아요.

나: 저도 한번 가 보려고 했는데 그만두어야겠네요.

(※선정: 여러 가지 중에서 하나를 선택하여 정함.)

 문법 예문

1. **-을 뿐만 아니라**
   영수 씨는 일도 잘할 뿐만 아니라 성격도 좋아서 인기가 많아요.

2. **-을 리가 없다**
   그렇게 건강했던 사람이 병원에 입원했을 리가 없어요.

3. **-는 만큼**
   칭찬을 받는 만큼 더 잘해야 해요.

1 -을 뿐(만) 아니라

★ 앞의 것 외에도 더 있음을 나타냄.
It means there are more to come in addition to the preceding one.

활용 형태

동사 형용사	현재	-을 뿐(만) 아니라
	과거	-았/었/였을 뿐(만) 아니라
(명사)이다	현재	일 뿐(만) 아니라
명사		뿐(만) 아니라

활용 예문

- 제인 씨는 노래를 잘 부를 뿐만 아니라 춤도 잘 춰요.
- 독서 모임에서는 소설책도 읽을 뿐 아니라 시도 읽어요.
- 제주도는 경치도 아름다울 뿐만 아니라 음식도 맛있어요.
- 작년 겨울에는 눈도 많이 내렸을 뿐 아니라 날씨도 너무 추웠어요.
- 그 사람은 의사일 뿐만 아니라 유명한 가수예요.
- 제니 씨는 한국어뿐 아니라 중국어도 잘해요.

 ※ '-는 데다가'와 의미 차이 없이 바꿔 쓸 수 있다.
• 제인 씨는 노래를 잘 부르는 데다가 춤도 잘 춰요.

연습1

1 아기의 피부는 (   ) 아주 민감하기 때문에 늘 조심해야 해요.
   ① 약하다가는   ② 약하기보다는
   ③ 약할 뿐만 아니라   ④ 약할지 모르지만

2 가: 한글은 어떤 글자예요?
   나: 한글은 배우기 (   ) 매우 과학적인 글자입니다.
   ① 쉽더라도   ② 쉬울까 봐
   ③ 쉬울 텐데   ④ 쉬울 뿐 아니라

연습2

1 가: 민재 씨는 성격도 _____ 키도 크고 잘생겨서 인기가 많겠어요.
   나: 맞아요. 사람들이 모두 민재 씨를 아주 좋아해요.

2 가: 그 영화는 배우들의 연기가 _____ 아주 감동적인 이야기라서 관객들이 아주 많아요.
   나: 그래요? 이번 주말에는 꼭 가서 봐야겠네요.

3 가: 눈이 많이 _____ 사고까지 나는 바람에 길이 많이 막히네요.
   나: 택시를 타지 말고 지하철을 탈 걸 그랬어요.

4 가: 수지 씨는 이번에 장학금도 _____ 멋진 남자 친구도 생겨서 정말 행복하겠어요.
   나: 네, 감사합니다.

5 가: 한국 음식 중에서 외국인들에게 추천할 만한 것이 뭐가 있어요?
   나: 비빔밥이 영양도 _____ 맛도 좋아서 외국인들에게 인기가 많아요.

2 -을 리가 없다

★ 그럴 가능성이 없거나 사실이 아님을 나타냄.
It means it is impossible or not true.

활용 형태

동사 형용사	현재	-(으)ㄹ 리가 없다
	과거	-았/었/였을 리가 없다
(명사)이다	현재	일 리가 없다
	과거	이었/였을 리가 없다

활용 예문

- 그 분이 그렇게 안 좋은 말을 할 리가 없어요.
- 계속 큰 소리로 불렀는데 못 들었을 리가 없어요.
- 며칠 동안 청소를 못 했으니 깨끗할 리가 없어요.
- 아무 것도 모르는 것을 보니 그 사람이 공부를 잘 했을 리가 없어요.
- 저 사람이 우리 선생님일 리가 없어요.
- 노래도 못하는데 가수였을 리가 없어요.

 ※ '-을 까닭이 없다'의 형태로도 쓸 수 있다.
- 그 분이 그렇게 안 좋은 말을 할 까닭이 없어요.

연습1

1 좋은 재료로 정성을 다해서 만들었으니까 음식이 (   ).
   ① 맛있기는요　　　　　　　② 맛있을 뻔했어요
   ③ 맛없을 리가 없어요　　　④ 맛없을 수밖에 없어요

2 가: 영수 씨와 진아 씨가 헤어졌다고 해요.
   나: 말도 안 돼요. 얼마 전에 결혼한다고 청첩장까지 받았는데 (   ).
   ① 헤어질 만해요　　　　　② 헤어질 정도예요
   ③ 헤어질 걸 그랬어요　　　④ 헤어졌을 리가 없어요

연습2

1 가: 영수 씨가 올까요?
   나: 그럼요. 약속을 꼭 지키는 사람이니까 _____.

2 가: 민정 씨가 책 선물을 좋아할까요?
   나: 네, 민정 씨는 책을 좋아하기 때문에 _____.

3 가: 그렇게 오래 전의 일을 기억하고 있어요?
   나: 당연하죠. 너무나 기억에 남았기 때문에 _____.

4 가: 진호가 이번 시험에 합격할 수 있을까요?
   나: 네, 그렇게 시험공부를 열심히 했는데 _____.

5 가: 그 가방 진짜 명품이 맞아요?
   나: 그럼요. 유명 백화점에서 샀는데 _____.

3　-는 만큼

★ 앞의 내용과 비슷한 정도를 나타내거나 뒤 상황의 원인 또는 근거를 나타냄.
It indicates something is similar to the preceding one or means the cause or ground of the following situation.

활용 형태

동사	현재	-는 만큼
	과거	-(으)ㄴ 만큼
	미래	-(으)ㄹ 만큼
형용사		-(으)ㄴ 만큼
명사		만큼

활용 예문

- 아이들은 칭찬하는 만큼 더 발전하게 됩니다.
- 열심히 노력한 만큼 좋은 결과가 나오게 마련이에요.
- 훌륭한 부자는 돈을 많이 버는 만큼 기부도 합니다.
- 우리는 오래 사귄 만큼 서로에 대해서 잘 알아요.
- 음식을 남기지 말고 먹을 만큼 가지고 가세요.
- 이 세상에서 부모님만큼 저를 사랑하는 분은 없어요.

연습1

1 무조건 돈이 많으면 좋을 것 같지만 돈이 (   ) 걱정도 많게 마련이에요.

① 많을까 봐   ② 많을 텐데
③ 많은 만큼   ④ 많기보다는

2 가: 저는 힘든 운동이 싫은데 영수 씨는 산에 가는 것이 왜 좋아요?
   나: 산은 (   ) 더 멋진 경치를 보여 준다고 하잖아요.

① 올라가고자   ② 올라갈 정도
③ 올라가 봤자   ④ 올라가는 만큼

연습2

1 가: 명절 연휴 때 집에서 먹기만 했더니 살이 많이 쪘어요.
   나: 많이 _____ 살이 찌는 게 당연해요.

2 가: 그 친구와 친해요?
   나: 네, 서로 모르는 것이 _____ 아주 친해요.

3 가: 이 식당이 그렇게 유명해요?
   나: 네, 여기 음식 먹으려고 먼 곳에서도 _____ 정말 유명해요.

4 가: 영화를 좋아하세요?
   나: 그럼요, 새로 나오는 영화는 모두 _____ 좋아해요.

5 가: 그 프로그램이 그렇게 재미있어요?
   나: 네, 너무 웃어서 배가 _____ 재미있어요.

20 인사를 하기는커녕 못 본 척했어요

학습 문법	1. –기는커녕 2. –는 척하다 3. –기는 해도

이렇게 말해요!

가: 새로 이사한 곳은 어때요?

나: 집은 좋은데 옆집과 인사도 못 했어요. 만나도 인사를 **하기는커녕 못 본 척하고** 지나가더라고요.

가: 요즘은 다들 바쁘게 사니까 그런 게 아닐까요?

나: **그렇기는 해도** 이웃과 친하게 지내면 좋잖아요.

문법 예문

1. –기는커녕
   점심을 먹기는커녕 화장실 갈 시간도 없이 바빴어요.

2. –는 척하다
   잘 알지도 못하면서 아는 척하는 사람들이 많아요.

3. –기는 해도
   영화를 좋아하기는 해도 그렇게 자주 보지는 않아요.

1. -기는커녕

★ 앞의 것은 말할 필요도 없고 뒤의 것도 불가능함을 나타냄.
It means the following one is impossible, not to mention the preceding one.

활용 형태

동사 형용사	-기는커녕
(명사)이다	(이)기는커녕
명사	은/는커녕, 커녕

활용 예문

- 돈을 모으기는커녕 매월 생활비도 부족해요.
- 낚시를 가서 물고기를 잡기는커녕 한 마리도 못 봤어요.
- 인터넷이 빠르기는커녕 자꾸 끊겨요.
- 영수는 우등생이기는커녕 수업에도 안 나오는 걸요.
- 내일이 시험인데 공부는커녕 자꾸 졸려요.
- 일이 많아서 휴가커녕 휴일도 없어요.

※ '-는 고사하고'와 의미 차이 없이 바꿔 쓸 수 있다. 보통 앞의 상황보다 뒤의 상황이 더 안 좋은 경우가 온다.
 • 만 원은 고사하고 천 원도 없어요.

연습1

1 일기예보에서는 날씨가 맑다고 하더니 (　　　　) 지금 비가 내리네요.

　① 맑을수록　　　　　　② 맑아 봤자

　③ 맑기는커녕　　　　　④ 맑을 뿐 아니라

2 가: 여행가서 친구랑 즐겁게 놀다 왔어요?

　나: 즐겁게 (　　　　) 친구랑 싸우기만 했어요.

　① 노느라고　　　　　　② 놀기는커녕

　③ 노는 바람에　　　　　④ 놀기는 해도

연습2

1 가: 남자 친구는 키가 커요?

　나: 키가 _____ 저보다도 작아요.

2 가: 불고기를 만들 줄 알아요?

　나: 불고기를 만들 줄 _____ 라면도 끓일 줄 몰라요.

3 가: 아침은 먹었어요?

　나: 아침을 _____ 물 한 잔도 못 마셨어요.

4 가: 한국 친구는 많이 사귀었어요?

　나: 한국 친구를 _____ 만나 본 적도 없어요.

5 가: 생일 선물은 많이 받았어요?

　나: 선물을 _____ 축하 인사도 받지 못했어요.

2 -는 척하다

★ 어떤 행동을 사실이 아닌 거짓으로 비슷하게 꾸밈.
It is used to invent a fictitious story about a certain action.

활용 형태

	현재	-는 척하다
동사	과거	-(으)ㄴ 척하다
형용사		-(으)ㄴ 척하다
(명사)이다		인 척하다

활용 예문

- 선생님을 보고도 못 본 척하고 그냥 지나갔어요.
- 말하기 싫어서 일부러 전화를 받는 척했어요.
- 버스에서 자리를 양보하기 싫어서 자는 척했어요.
- 그 사람과 같이 밥을 안 먹으려고 이미 먹은 척했어요.
- 예쁜 척하지 말고 그냥 편하게 행동하세요.
- 그 영화를 꼭 보고 싶어서 어른인 척하고 봤어요.

※ 유사 표현으로 '-는 체하다'가 있다.
- 알고도 모른 척했어요.
- 알고도 모른 체했어요.

연습1

1. 길을 가다가 중학교 때 친구를 만났는데 (　　　　) 지나갔어요.
   ① 모를 텐데
   ② 모르기는커녕
   ③ 모르기보다는
   ④ 모르는 척하고

2. 가: 오늘 모임이 있다고 하더니 왜 안 갔어요?
   나: 만나기 싫은 사람이 있어서 일이 (　　　　) 안 갔어요.
   ① 많더라도
   ② 많다 보니까
   ③ 많은 척하고
   ④ 많은 바람에

연습2

1. 가: 지금 많이 바쁜가 봐요. 다들 같이 식사하러 가는데 안 갔네요.
   나: 바쁘기는요. 같이 가기 싫어서 _____.

2. 가: 왜 애인이 있다고 말했어요?
   나: 마음에 들지 않는 사람이 만나자고 해서 애인이 _____.

3. 가: 왜 그렇게 화가 났어요?
   나: 내가 큰 소리로 계속 불렀는데 친구가 _____ 그냥 가 버리잖아요.

4. 가: 영수 씨도 그 가수의 팬이에요?
   나: 아니요, 여자 친구가 좋아하니까 저도 _____.

5. 가: 몸이 많이 아픈 거예요?
   나: 괜찮아요. 일 하기 싫어서 _____.

3 -기는 해도

★ 앞의 내용은 인정은 하지만 뒤에는 대조적인 내용을 나타냄.
It is used when the preceding one is agreed and followed by a contrasting content.

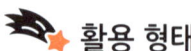 활용 형태

동사 형용사	-기는 해도
(명사)이다	이기는 해도

활용 예문

- 한국어를 배우기는 해도 실력이 잘 늘지 않아요.
- 모두 맛있다고 하니까 먹기는 해도 맛은 잘 모르겠어요.
- 술을 좋아하기는 해도 많이 마시는 편은 아니에요.
- 날씨가 춥기는 해도 운동을 못 할 정도는 아니에요.
- 그 사람은 부자이기는 해도 돈을 막 쓰지 않아요.
- 한국인이기는 해도 매운 음식을 좋아하지는 않아요.

 ※ '-기는 하지만'의 형태로도 쓸 수 있다.
  • 한국어를 배우기는 하지만 실력이 잘 늘지 않아요.

연습1

1. 동창회에 (   ) 끝까지 있지는 못할 거예요.

   ① 참석하고자   ② 참석하느라고

   ③ 참석하려다가   ④ 참석하기는 해도

2. 가: 지금 만나는 사람과 결혼할 거예요?

   나: 그 사람이 (   ) 아직 결혼까지는 잘 모르겠어요.

   ① 좋을 텐데   ② 좋다 보니까

   ③ 좋기는 해도   ④ 좋을 뿐만 아니라

연습2

1. 가: 이 카메라는 좀 비싸지 않아요?

   나: 가격이 좀 _____ 기능도 많고 품질이 좋아서 꼭 사고 싶어요.

2. 가: 왜 세탁기로 안 하고 손으로 빨래를 해요?

   나: 세탁기가 _____ 손으로 하는 것만큼 깨끗하지 않은 것 같아요.

3. 가: 지하철이 더 빠르지 않을까요?

   나: 지하철이 _____ 여러 번 갈아타야 하니까 불편해요.

4. 가: 라면을 좋아하나 봐요?

   나: 배가 고프니까 _____ 원래 라면을 좋아하지 않아요.

5. 가: 왜 멀리 있는 시장으로 가요?

   나: 거리가 좀 _____ 전통 시장이 물건도 많고 싸거든요.

01 시장에 가거들랑 과일 좀 사다 주세요

학습 문법	1. -거들랑 2. -건 -건 3. -거니와

이렇게 말해요!

가: 시장에 **가거들랑** 과일 좀 사다 주세요.

나: 어떤 과일로 사 올까요?

가: **사과건 귤이건** 상관없어요.

나: 귤 어때요? 요즘 귤이 제철이라 맛도 **좋거니와** 영양도 풍부하대요.

(※제철: 알맞은 시기 또는 시절)

문법 예문

1 -거들랑

집에 도착하거들랑 바로 전화하세요.

2 -건 -건

산이건 바다건 어디든 좋으니까 빨리 가고 싶어요.

3 -거니와

가을은 하늘도 높거니와 바람도 시원해서 정말 좋아요.

1 -거들랑

★ 뒤에 오는 행동에 대한 조건이나 경우를 미리 제시함.
   It is used to present a condition or case about the action that follows.

활용 형태

	현재	-거들랑
동사 형용사	과거	-았/었/였거들랑
	미래(추측)	-겠거들랑
(명사)이다		이거들랑

활용 예문

- 고향에 가거들랑 저희 부모님께 안부 좀 전해 주세요.
- 사무실에 들어가거들랑 바로 메일 확인을 해 주세요.
- 몸이 많이 아프거들랑 무리하지 말고 집에서 쉬세요.
- 최선을 다했거들랑 이제 결과를 기다려 봅시다.
- 잘 모르겠거들랑 사전을 찾아 보도록 하세요.
- 좋은 사람이거들랑 놓치지 말고 꼭 잡으세요.

※ '-으면'이나 '-거든'과 의미 차이 없이 바꿔 쓸 수 있다.
- 고향에 가면 저희 부모님께 안부 좀 전해 주세요.
- 고향에 가거든 저희 부모님께 안부 좀 전해 주세요.

연습1

1 계획서를 읽고도 잘 (　　　　) 바로 질문을 해 주시기 바랍니다.

① 몰라 봤자　　　　　② 모르겠거들랑

③ 모를 리가 없지만　　④ 모를 수밖에 없어도

2 가: 새 집이 마음에 들긴 하는데 집세가 너무 비싸서 고민이에요.

나: 그래도 마음에 (　　　　) 집이 나가기 전에 빨리 계약하세요.

① 들거들랑　　　　　② 들더라도

③ 들 테니까　　　　　④ 들기는 하지만

연습2

1 가: 지금 하는 일이 너무 힘들어서 계속하기가 어려울 것 같아요.

나: 지금 일이 그렇게 ＿＿＿＿＿＿＿ 다른 일을 찾아보는 게 어때요?

2 가: 열심히 하긴 했는데 결과가 어떻게 될지 모르겠어요.

나: 최선을 ＿＿＿＿＿＿＿ 이제 결과를 기다려 봐야겠지요.

3 가: 친구가 약속을 안 지켜서 화를 냈더니 선물을 보내 왔네요.

나: 그 친구가 그만큼 정성을 ＿＿＿＿＿＿＿ 이제 그만 화를 푸세요.

4 가: 오늘 우체국에 ＿＿＿＿＿＿＿ 이 소포 좀 보내 줄 수 있어요?

나: 네, 알았어요. 이따 우체국에 가면 보낼게요.

5 가: 지난번에 만난 사람이 똑똑하긴 한데 거짓말을 하는 것 같아요.

나: 아무리 똑똑해도 아무렇지 않게 거짓말을 ＿＿＿＿＿＿＿ 만나지 마세요.

2 -건 -건

★ 여러 동작이나 상태 가운데 어느 것을 선택해도 상관이 없음을 나타냄.
It means it doesn't matter which one is selected among several movements or conditions.

활용 형태

	현재	-건 -건
동사 형용사	과거	-았/었/였건
	미래	-겠건
(명사)이다		이건

활용 예문

- 그 일을 할 줄 알건 모르건 아무 문제없을 거예요.
- 예전에 무슨 일을 했건 그런 건 중요하지 않아요.
- 네가 밥을 먹건 안 먹건 더 이상 말하지 않겠다.
- 그 여자가 예쁘건 안 예쁘건 그게 저와 무슨 상관이에요?
- 일 할 사람이 남자이건 여자이건 관계없습니다.
- 미국이건 유럽이건 아무 곳이나 여행을 가고 싶어요.

※ '-든 -든'의 형태로도 쓸 수 있다.
- 그 일을 할 줄 알든 모르든 아무 문제없을 거예요.

연습1

1 능력이 (   ) 그게 중요한 게 아니라 그 사람의 마음이 중요하지요.

   ① 있을수록   ② 있을 텐데
   ③ 있건 없건   ④ 있을 수 없지만

2 가: 학생만 할인이 되나요?

   나: 아니요, (   ) 누구나 신분증이 있으면 할인을 받을 수 있습니다.

   ① 학생이 아니면   ② 학생이건 아니건
   ③ 학생이다 보니까   ④ 학생이라고 해도

연습2

1 가: 살을 빼려면 꼭 운동을 많이 해야 할까요?

   나: 운동을 많이 _____ 그것이 중요한 게 아니라 규칙적인 생활을 하는 것이 더 중요합니다.

2 가: 이 약은 꼭 식후에만 먹어야 하나요?

   나: 아니요, 이 약은 밥을 _____ 관계없이 편하게 복용하시면 됩니다.

3 가: 저는 기계를 다룰 줄 모르는데 어떻게 하지요?

   나: 기계를 다룰 줄 _____ 전혀 상관이 없습니다.

4 가: 출입카드가 없으면 들어갈 수 없나요?

   나: 출입카드가 _____ 상관이 없고 이름과 주소를 쓰시면 됩니다.

5 가: 돈이 별로 없는데 어떻게 결혼을 해요?

   나: 돈이 _____ 그게 뭐가 중요해요? 서로 사랑하면 되잖아요.

3 -거니와

★ 앞의 사실에 뒤의 사실을 덧붙임을 나타냄.
It means the fact in the preceding clause is added with the fact in the following.

활용 형태

동사 형용사	현재	-거니와
	과거	-았/었/였거니와
	미래(추측)	-겠거니와
(명사)이다		이거니와

활용 예문

- 내 동생은 고기도 잘 먹거니와 채소도 잘 먹어요.
- 몸도 아프거니와 일도 잘 안되니까 의욕이 없어요.
- 연습도 열심히 했거니와 운도 좋아서 우승을 한 것 같아요.
- 대학에도 합격하겠거니와 꼭 저의 꿈을 이루도록 노력하겠습니다.
- 그는 공부도 잘하는 학생이거니와 노래까지 잘 불러요.
- 이 지역은 교통도 문제이거니와 공기도 안 좋아서 주거지로 맞지 않아요.

※ 명사의 경우, '-도 -(이)거니와'의 형태로 쓰기도 한다.
• 돈도 돈이거니와 시간도 없어서 여행은 꿈도 못 꿉니다.

연습1

1 이번 홍수 때문에 경제적 손실도 (　　　　　) 인명 피해까지 발생하여 대책 마련이 시급합니다.

　① 상당하거니와　　　　　② 상당하기는커녕

　③ 상당하기보다는　　　　④ 상당하기는 해도

2 가: 부모님 선물로 무엇이 좋을까요?

　나: 홍삼이 어떠세요? 건강에도 (　　　　　) 어른들도 마음에 드실 거예요.

　① 좋더라도　　　　　　　② 좋거니와

　③ 좋을 텐데　　　　　　　④ 좋을까 봐

연습2

1 가: 발표를 잘 하려면 가장 중요한 게 뭘까요?

　나: 발표는 자료의 정확성도 ＿＿＿＿＿＿ 발표자의 자신감도 중요하겠지요.

2 가: 이번 여행은 어땠어요?

　나: 도시의 야경도 정말 ＿＿＿＿＿＿ 그곳 사람들도 친절해서 아주 좋았어요.

3 가: 앞으로의 계획을 말씀해 주십시오.

　나: 국내 사업 확장도 ＿＿＿＿＿＿ 해외 진출도 적극 추진할 계획입니다.

4 가: 어떻게 두 분이 결혼하게 되셨어요?

　나: 서로 마음도 잘 ＿＿＿＿＿＿ 이루고자 하는 꿈도 같아 결혼하게 되었어요.

5 가: 새로 이사 간 집은 어때요?

　나: 공기도 ＿＿＿＿＿＿ 주변의 분위기도 좋아서 정말 마음에 들어요.

02 사고가 나기 십상이에요

학습 문법	1. –기 그지없다 2. –기 십상이다 3. –기 나름이다

 이렇게 말해요!

가: 오늘 운전면허 합격했는데 정말 **기쁘기 그지없네요**. 신나게 달려 보고 싶어요.

나: 항상 조심하지 않으면 **사고가 나기 십상이에요**.

가: 모든 건 **자기가 하기 나름이지요**. 저는 잘 할 자신이 있어요.

나: 운전은 자신만 잘 해서는 안 되고 여러 가지를 신경 써야 해요.

 문법 예문

1 **–기 그지없다**
저를 늘 잘 챙겨 주셔서 고맙기 그지없습니다.

2 **–기 십상이다**
너무 긴장을 하면 실수를 하기 십상이에요.

3 **–기 나름이다**
모든 일은 마음먹기 나름이라고 생각해요.

1 -기 그지없다

★ 어떤 상황이나 상태가 끝이 없어 말로 다 할 수가 없음.
It means a certain situation or condition goes on without end and beyond all description.

 활용 형태

형용사	-기 그지없다

활용 예문

- 원하던 시험에 합격해서 기쁘기 그지없어요.
- 하기 싫은 일만 계속하고 있으니 괴롭기 그지없어요.
- 3년째 놀고 있는 제 자신이 한심하기 그지없어요.
- 차량이 산산이 부서진 사고 현장을 보니 놀랍기 그지없네요.
- 어려운 상황을 보면 발 벗고 나서는 학생들의 모습이 예쁘기 그지없어요.
- 제가 힘들 때마다 도와 주시니 죄송하기 그지없습니다.

※ '-기 짝이 없다'와 의미 차이 없이 바꿔 쓸 수 있다.
- 원하던 시험에 합격해서 기쁘기 짝이 없어요.

연습1

1. 고층 빌딩에 매달려 청소하는 분들의 모습을 보면 (　　　　).
   ① 위태롭기 마련이다　　② 위태롭기 나름이다
   ③ 위태롭기 그지없다　　④ 위태로울 수가 없다

2. 가: 지난 여행 때 보았던 바닷가의 어촌 마을의 모습은 (　　　　).
   나: 정말 좋았겠어요. 저도 가 보고 싶네요.
   ① 평화로운 편이었어요　　② 평화롭게 마련이에요
   ③ 평화로울 걸 그랬어요　　④ 평화롭기 그지없었어요

연습2

1. 가: 신부가 정말 아름답지요?
   나: 네, 새하얀 드레스를 입은 신부의 모습이 한 송이 백합처럼 ＿＿＿＿＿＿.

2. 가: 저희들을 위해 애쓰시는 부모님의 사랑을 생각하면 ＿＿＿＿＿＿ 마음입니다.
   나: 맞아요. 부모님의 사랑은 끝이 없지요.

3. 가: 아이가 다쳤어요?
   나: 네, 아이가 다리를 다쳐서 아파하는 모습을 보니 정말 ＿＿＿＿＿＿.

4. 가: 동창회에 간다더니 왜 그렇게 기분이 안 좋아요?
   나: 동창회에 갔는데 성공한 친구들을 보니 몇 년 째 취업도 못하고 있는 제가 ＿＿＿＿＿＿.

5. 가: 이번 대회에서 우승을 하신 소감이 어떠십니까?
   나: 대회에 나온 것만으로도 만족한데 우승까지 하게 되어 ＿＿＿＿＿＿.

2　-기 십상이다

★ 그런 상황이나 상태가 되기 쉬움. 또는 그럴 가능성이 큼.
It means it is easy or highly possible to be a certain situation or state.

활용 형태

동사	-기 십상이다

활용 예문

- 앞을 잘 보고 걷지 않으면 넘어지기 십상이에요.
- 밤마다 야식을 먹으면 살이 찌기 십상이지요.
- 제대로 설명하지 않으면 오해를 받기 십상입니다.
- 잠이 부족하면 일을 망치기 십상이에요.
- 무단횡단을 하면 교통사고가 나기 십상이에요.
- 혼자서 마음대로 일을 처리하게 되면 문제가 생기기 십상이지요.

※ '-기 쉽다'와 의미 차이 없이 바꿔 쓸 수 있다.
  • 앞을 잘 보고 걷지 않으면 넘어지기 쉽다.

연습1

1. 낯선 곳을 여행할 때 미리 길을 잘 알아 놓지 않으면 (　　　　).
   ① 헤매던 참이에요　　　② 헤매기 나름이에요
   ③ 헤매기 그지없어요　　④ 헤매기 십상이에요

2. 가: 우리 빨리 물에 들어가서 수영을 합시다.
   나: 수영을 하기 전에 준비 운동을 충분히 하지 않으면 다리에 쥐가 (　　　　).
   ① 날 뻔했어요　　　② 나는 편이에요
   ③ 나기 십상이에요　④ 날 리가 없어요

연습2

1. 가: 일을 서두르지 않으면 제 시간에 끝낼 수 없을 거예요.
   나: 급하다고 무조건 그렇게 서두르면 _____.

2. 가: 여기가 싼 것 같지 않아요? 이걸로 해요.
   나: 물건 값을 미리 잘 알아보고 사지 않으면 바가지를 _____.

3. 가: 그렇게 춥지 않으니까 대충 입고 나가요.
   나: 옷을 잘 챙겨 입고 나가지 않으면 감기에 _____.

4. 가: 일단 시작을 하고 보는 게 좋지 않을까요?
   나: 일을 시작할 때 사전에 충분히 준비를 하지 않으면 _____.

5. 가: 음악을 들으며 길을 걷다가 넘어졌어요.
   나: 길을 걸을 때 주위를 잘 살펴보지 않으면 _____.

3 -기 나름이다

★ 어떻게 하느냐에 따라서 어떤 일이나 행동의 결과가 달라짐.
It means the result of something or a certain action depends on what is to be done.

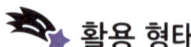 활용 형태

동사	-기 나름이다

활용 예문

- 성공을 할지 못할지는 노력하기 나름이지요.
- 미래는 스스로 계획하고 실천하기 나름입니다.
- 아이의 좋은 습관은 부모가 가르치기 나름이에요.
- 상사에게 인정을 받는 것은 너 하기 나름이야.
- 이번 시험에서의 합격은 공부하기 나름입니다.
- 남편은 아내가 하기 나름이에요.

 ※ 유사 표현으로 '-기에 달려 있다'가 있다.
· 성공을 할지 못할지는 노력하기에 달려 있습니다.

연습1

1 한 달 생활비가 얼마나 들지는 자기가 계획해서 (　　　　).

　① 쓰기 나름이에요　　　② 쓰기 십상이에요

　③ 쓰게 마련이에요　　　④ 쓰려던 참이에요

2 가: 한국어를 잘 하려면 얼마나 공부해야 할까요?

　나: 그것은 자기가 (　　　　).

　① 노력하더라고요　　　② 노력할 걸 그랬어요

　③ 노력하도록 해요　　　④ 노력하기 나름이에요

연습2

1 가: 어떻게 하면 행복해질 수 있을까요?

　나: 행복은 자기가 ＿＿＿＿＿＿＿＿＿＿이 아닐까 싶습니다.

2 가: 이 제품은 사용 기간이 얼마나 되나요?

　나: 그것은 ＿＿＿＿＿＿＿＿＿＿. 조심해서 사용하면 오래 사용할 수 있으니까요.

3 가: 인간관계를 원만하게 하기 위한 좋은 방법이 있을까요?

　나: 그것은 본인이 ＿＿＿＿＿＿＿＿＿＿. 얼마나 상대를 배려하고 이해하는가에 따라 달라질 테니까요.

4 가: 아이가 좋은 습관을 가지게 하려면 어떻게 하는 것이 좋을까요?

　나: 아이들은 부모가 ＿＿＿＿＿＿＿＿＿＿. 부모가 먼저 올바른 생활 모습을 보여 주는 것이 좋겠지요.

5 가: 그 회사는 월급이 얼마나 돼요?

　나: 그것은 각자 ＿＿＿＿＿＿＿＿＿＿. 판매량만큼 월급이 달라지기 때문이지요.

03 매일 지각하기 일쑤예요

학습 문법	1. -기 일쑤이다 2. -기 짝이 없다 3. -기로서니

이렇게 말해요!

가: 철수 씨는 매일 **지각하기 일쑤네요**. 이러면 함께 일 할 수 있겠어요?

나: 정말 **죄송하기 짝이 없습니다**. 집이 먼 데다 교통도 불편해서요.

가: 아무리 집이 **멀기로서니** 매일 지각하면 되겠어요? 그럼 좀 더 일찍 서둘러야지요.

나: 앞으로는 늦지 않도록 하겠습니다.

문법 예문

1. **-기 일쑤이다**
   요즘 일이 많아서 밤을 새우기 일쑤입니다.

2. **-기 짝이 없다**
   친구와의 약속을 지키지 못해서 미안하기 짝이 없어요.

3. **-기로서니**
   시험공부가 급하기로서니 밥도 안 먹고 공부만 하면 되겠어요?

1 -기 일쑤이다

★ 가끔 또는 종종 그런 행동을 함.
It means such behavior happens from time to time or frequently.

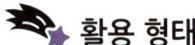 활용 형태

동사	-기 일쑤이다

 활용 예문

- 저는 소풍만 가려고 하면 비가 오기 일쑤예요.
- 물건 값을 여러 곳에 알아보지 않으면 바가지를 쓰기 일쑤예요.
- 비가 오다가 그치면 우산을 잃어버리기 일쑤예요.
- 진호는 수업 시간에 졸다가 선생님께 야단을 맞기 일쑤예요.
- 집이 멀어서 버스를 한 대 놓치면 지각하기 일쑤예요.
- 매일 야근을 하다 보니 식사를 거르기 일쑤입니다.

※ 긍정적인 경우보다 부정적인 경우에 어울린다.
- 제대로 준비를 하지 않으면 실수하기 일쑤이다. (o)
- 공부를 열심히 하면 좋은 성적을 받기 일쑤이다. (x)

연습1

1 우리 학교는 언덕 위에 있어서 눈만 내리면 학생들이 (   ).

① 넘어지기만 해요　　　　　② 넘어지기 일쑤예요

③ 넘어지는 편이에요　　　　④ 넘어지기 그지없어요

2 가: 또 우산을 지하철에 놓고 내렸어요. 늘 (   ).

나: 나이가 들면 건망증이 생기게 마련이에요.

① 잃어버리기 일쑤예요　　　② 잃어버릴 뻔 했어요

③ 잃어버리기 나름이에요　　④ 잃어버릴 수밖에 없어요

연습2

1 가: 저는 책을 좋아해서 읽기 시작하면 밤을 _____.

나: 독서도 좋지만 너무 무리하지는 마세요.

2 가: 우리 아이는 성격이 덜렁거려서 늘 물건을 _____.

나: 아이 때는 대부분 다 그런 것 같아요.

3 가: 이번 달도 카드 대금이 많이 나와서 생활비가 모자라요.

나: 저도 계획 없이 백화점에 갔다가 충동구매를 _____.

4 가: 매번 다이어트를 결심해도 맛있는 것만 보면 _____.

나: 먹고 싶은 것 먹고 즐겁게 사는 게 더 좋지 않겠어요?

5 가: 우리 집은 형제가 많아서 늘 먹는 것을 가지고 _____.

나: 그래도 부럽네요. 저는 혼자라서 늘 외롭거든요.

2 -기 짝이 없다

★ 어떤 상태가 이루 말할 수 없이 대단하거나 매우 심함.
It means a certain state is so great or serious beyond description.

활용 형태

형용사	-기 짝이 없다

활용 예문

- 많은 사람들 앞에서 실수를 해서 부끄럽기 짝이 없어요.
- 약간의 어려움도 이겨내지 못하고 포기해 버린 자신이 한심하기 짝이 없어요.
- 이 집은 너무 오래 되어서 낡고 초라하기 짝이 없네요.
- 정말 원하던 일을 찾게 되었으니 기쁘기 짝이 없어요.
- 아이를 잃어버린 부모의 마음을 생각하면 슬프기 짝이 없습니다.
- 김 선생님께서 저를 늘 챙겨 주시니까 고맙기 짝이 없어요.

※ '-기 그지없다'와 의미 차이 없이 바꿔 쓸 수 있다.
  • 많은 사람들 앞에서 실수를 해서 부끄럽기 그지없어요.

연습1

1 자신이 원하는 길을 잘 찾아가는 자식들을 보니 (　　　　).
   ① 대견할걸 그랬어요　　　　② 대견할 리가 없어요
   ③ 대견하기 나름이에요　　　④ 대견하기 짝이 없어요

2 가: 어제 양쪽 부모님 인사를 하셨다더니 잘 끝났어요?
   나: 네, 양가의 어른들이 처음 만나는 자리라서 행동이 매우 (　　　　).
   ① 조심스럽기 일쑤였어요　　② 조심스럽기 십상이에요
   ③ 조심스럽기 나름이에요　　④ 조심스럽기 짝이 없었어요

연습2

1 평생 어려운 이웃을 위해 발 벗고 나서는 분들을 보면 정말 대단해요. 어려운 사람들을 위해 그렇게 희생하는 분들을 보면 이기적으로 살고 있는 제 자신이 _____.

2 가까이에 위치하고 있는 두 나라의 국경에서 계속 분쟁이 일어나 지역 주민들이 피해를 입는 것을 보면 _____.

3 그 사람이 늘 잘난 척하면서 다른 사람을 무시하는 것을 보면 _____.

4 공부를 하나도 안 하는 바람에 너무도 쉬운 문제도 틀려 버린 내 자신이 _____.

5 그렇게 열심히 노력했는데도 일이 잘 안 풀리니 _____.

3 -기로서니

★ 앞의 상황은 인정을 하지만 뒤의 상황은 받아들일 수 없음.
It means the preceding situation is agreed but the following situation cannot be accepted.

 활용 형태

동사 형용사	-기로서니
	-았/었/였기로서니
(명사)이다	이기로서니

활용 예문

● 제가 힘이 없기로서니 가방 하나도 못 들 것 같아요?

● 아무리 돈이 많기로서니 그렇게 낭비를 하면 안 되지요.

● 긴장을 해서 실수를 좀 했기로서니 그렇게 화를 낼 필요는 없잖아요.

● 제가 아는 것이 없기로서니 그런 것까지 모르지는 않아요.

● 아무리 배가 고프기로서니 혼자서 피자 3판을 다 먹다니 정말 놀라워요.

● 우리가 오래 만나지 못했기로서니 이름도 잊어버려서야 되겠어요?

 ※ '-다고 해도'와 의미 차이 없이 바꿔 쓸 수 있다.
• 아무리 제가 힘이 없다고 해도 이 정도도 못 들 것 같아요?

연습1

1 아무리 배가 (　　　　) 어떻게 라면을 혼자서 세 그릇이나 먹어요?

　① 고프거니와　　　　　　② 고프기로서니

　③ 고프기는커녕　　　　　④ 고프다 보니까

2 가: 상사가 매일 괴롭게 해서 직장을 그만둬야 할 것 같아요.

　나: 아무리 상사가 (　　　　) 어렵게 들어간 직장을 그만두면 안 되지요.

　① 괴롭혀 봤자　　　　　　② 괴롭히느라고

　③ 괴롭히기로서니　　　　　④ 괴롭히기는 하지만

연습2

1 가: 저는 무엇보다 일이 중요하다고 생각해요.

　나: 아무리 일이 ＿＿＿＿＿＿＿＿ 건강을 해치면 안 되지요.

2 가: 저는 김밥을 좋아하기 때문에 혼자서 5줄은 먹을 수 있어요.

　나: 아무리 김밥을 ＿＿＿＿＿＿＿＿ 혼자서 5줄을 어떻게 먹어요?

3 가: 우리 아이는 달리기를 잘해서 저보다도 더 빨리 뛰어요.

　나: 아무리 아이가 달리기를 ＿＿＿＿＿＿＿＿ 어른보다 빨리 뛴다고요?

4 가: 요즘 젊은 부모들은 아이가 해 달라는 대로 다 해 주는 것 같아요.

　나: 아무리 자식이 ＿＿＿＿＿＿＿＿ 아이가 원하는 대로 다 해 주는 것은 좋지 않다고 생각해요.

5 가: 그 회사는 월급이 많은 대신 일을 너무 많이 시켜서 주말도 없다고 해요.

　나: 아무리 월급이 ＿＿＿＿＿＿＿＿ 주말도 없이 일만 하면 살 수 있겠어요?

04 알아보고 왔기 망정이지 바가지를 쓸 뻔 했어요

학습 문법	1. –기(에) 망정이지 2. –느니 3. –느니만큼

이렇게 말해요!

가: 미리 시장 조사를 하고 **왔기 망정이지** 그렇지 않았으면 아주 비싸게 살 뻔 했네요.

나: 다른 곳도 더 가 보고 사면 어떨까요? 이 가격으로 이 정도의 물건을 **사느니** 더 알아보면 좋을 텐데요.

가: 그럴까요? 벼르고 별러서 **왔으니만큼** 더 나은 것을 사는 게 좋겠지요.

나: 맞아요. 우리 좀 더 알아보고 삽시다.

(※벼르다: 어떤 일을 하려고 마음속으로 준비를 많이 하고 기회를 엿봄.)

문법 예문

1 –기(에) 망정이지
   어른이 옆에 있었기에 망정이지 그렇지 않았으면 아이가 다칠 뻔했어요.

2 –느니
   이렇게 힘들게 사느니 죽는 게 낫겠어요.

3 –느니만큼
   오랜만에 여행을 왔으니만큼 정말 즐겁게 놀다 가고 싶어요.

1 -기(에) 망정이지

★ 앞의 상황이 있어 다행이었지 그렇지 않았으면 더욱 어려운 상황이 되었을 것임.
It means it is fortunate that the preceding situation has occurred; otherwise the situation would become worse.

활용 형태

동사 형용사	현재	-기(에) 망정이지
	과거	-았/었/였기(에) 망정이지
(명사)이다		이기(에) 망정이지

활용 예문

- 아이들 방을 매일 청소하기 망정이지 안 그러면 아주 엉망일 거예요.
- 가격을 미리 알아보고 갔기에 망정이지 안 그랬으면 바가지 쓸 뻔했어요.
- 일찍 출발했기에 망정이지 차가 너무 막혀서 지각할 뻔했어요.
- 음식이 많았기 망정이지 안 그랬으면 모두 먹지 못할 뻔했네요.
- 옷을 따뜻하게 입었기에 망정이지 너무 추워서 감기에 걸릴 뻔했어요.
- 주말이기 망정이지 평소 같았으면 집에 사람이 없어서 중요한 택배를 못 받았을 거예요.

연습1

1 우산을 미리 (　　　　) 갑자기 폭우가 쏟아져서 옷이 다 젖을 뻔했어요.

   ① 챙겼거들랑　　　　　　② 챙겼더라도

   ③ 챙겼기로서니　　　　　④ 챙겼기에 망정이지

2 브레이크를 빨리 (　　　　) 앞차가 갑자기 서는 바람에 큰 사고가 날 뻔했어요.

   ① 밟았기보다는　　　　　② 밟았기에 망정이지

   ③ 밟았을 뿐 아니라　　　④ 밟았다고는 하더라도

연습2

1 가: 여행길에 지갑을 잃어버렸다면서요?

   나: 네, 비상금을 가지고 _____ 여행을 갔다가 아무 것도 못 하고 돌아올 뻔했지 뭐예요.

2 가: 등산은 재미있었어요?

   나: 아니요, 산을 내려오다가 미끄러졌는데 평소에 운동을 _____ 안 그랬으면 아주 크게 다칠 뻔했어요.

3 가: 타려고 했던 비행기가 사고가 났다고요?

   나: 네, 늦게 가는 바람에 비행기를 _____ 그 비행기에 탔다면 어떻게 되었을지 지금 생각해도 정말 무서워요.

4 가: 집에 도둑이 들었다면서요?

   나: 네, 집에 아무도 _____ 사람이 있었다면 큰일을 당했을지도 몰라요.

5 가: 집이 언덕 위에 있어서 눈이 오면 고생 좀 하겠어요.

   나: 네, 지난주에도 눈을 빨리 _____ 안 그랬으면 미끄러워 넘어졌을 거예요.

2 -느니

★ 앞의 상황이나 상태보다는 차라리 더 안 좋은 뒤쪽을 선택함.
It is used to select the worse latter one rather than the former situation or state.

 활용 형태

동사	-느니

활용 예문

- 사랑하지 않는 사람과 결혼을 하느니 그냥 혼자 살 거예요.
- 이렇게 맛없는 음식을 먹느니 굶는 게 낫겠어요.
- 재미없는 영화를 보러 가느니 집에서 잠이나 자야겠어요.
- 그렇게 걱정만 하고 있느니 그 사람을 직접 만나서 얘기해 보세요.
- 집에서 잠만 자느니 공원이라도 가서 산책을 합시다.
- 이렇게 불안에 떨고 숨어 다니느니 경찰에 자수하도록 하세요.

 ※ 유사 표현으로 '–는 것보다'를 쓸 수 있다.
- 이렇게 맛없는 음식을 먹는 것보다 굶는 게 낫겠어요.

연습1

1 싸우고 나서 그렇게 (   ) 먼저 가서 사과하고 화해하세요.

   ① 속상해 봤자   ② 속상해하느니
   ③ 속상하다가는   ④ 속상하기는 해도

2 가: 가게 문을 닫기로 했다면서요?
   나: 네, 장사도 안 되는데 손해보고 (   ) 그만두는 게 나으니까요.
   ① 있느니   ② 있느라고
   ③ 있더라도   ④ 있기는커녕

연습2

1 가: 드디어 귀국을 하기로 결정했어요?
   나: 네, 외국에서 이렇게 고생하며 _____ 고국으로 돌아가는 게 좋을 것 같아서요.

2 가: 그 일을 안 하기로 한 거예요?
   나: 네, 돈 때문에 양심에 어긋나는 일을 _____ 돈을 못 벌더라도 당당하게 살고 싶어요.

3 가: 남자 친구와 헤어졌다고요?
   나: 네, 성격이 안 맞아서 계속 _____ 헤어지는 게 낫겠다고 생각했어요.

4 가: 여기서 걱정하면서 마음만 _____ 직접 가 보지 그래요?
   나: 그러고 싶은데 친구가 만나 주지 않아요.

5 가: 왜 음식을 먹다가 말아요?
   나: 이렇게 맛도 없는 음식을 _____ 안 먹는 게 낫겠어요.

3. -느니만큼

★ 앞의 내용이 뒤의 근거가 되거나 이유가 됨.
It means the preceding one becomes a ground or cause of the following one.

 활용 형태

동사	현재	-느니만큼
	과거	-았/었/였으니만큼
형용사	현재	-(으)니만큼
	과거	-았/었/였으니만큼
(명사)이다		이니만큼

활용 예문

- 어렵게 유학을 가느니만큼 더 열심히 해야지요.
- 최선을 다했으니만큼 좋은 결과가 있을 거라고 믿어요.
- 좋은 재료로 정성을 다해 만들었으니만큼 더 맛있을 거예요.
- 오랜만에 만났으니만큼 할 얘기도 많을 것 같습니다.
- 집이 크고 넓으니만큼 관리하기가 힘들 것 같아요.
- 비싼 제품이니만큼 가치가 더 크지 않을까요?

 ※ 이유나 근거를 나타내는 '-니까'에 '만큼'을 붙인 것으로 '-니까'로 썼을 때보다 앞의 상황이 뒤에 결과가 됨을 더욱 강조하는 느낌을 준다.

연습1

1 모처럼 여행을 (　　　　) 맛있는 것도 먹고 좋은 곳도 많이 다녀오세요.

　① 가느라고　　　　　　　② 가느니만큼

　③ 가기보다는　　　　　　④ 가기는 해도

2 가: 맛있는 음식을 마음껏 (　　　　) 힘을 내서 오늘 이 일을 끝내도록 합시다.

　나: 알겠습니다. 열심히 하겠습니다.

　① 먹었더니　　　　　　　② 먹어 봤자

　③ 먹었으니만큼　　　　　④ 먹는 바람에

연습2

1 가: 우리 이 영화 보러 갈까요?

　나: 좋아요. 유명한 감독의 ＿＿＿＿＿＿＿ 더 기대가 되네요.

2 가: 저 배우는 얼굴이 ＿＿＿＿＿＿＿ 마음도 예쁠 것 같지 않아요?

　나: 글쎄요. 얼굴이 예쁘다고 마음도 예쁜 것은 아니니까요.

3 가: 이 식당은 음식 값이 ＿＿＿＿＿＿＿ 서비스도 좋고 최고인 것 같아요.

　나: 그러네요. 그래서 사람들이 많은가 봐요.

4 가: 잘못을 ＿＿＿＿＿＿＿ 그에 맞는 벌을 받는 것이 옳지 않겠어요?

　나: 네, 알겠습니다.

5 가: 이번에 대학원에 입학했다면서요?

　나: 네, 남들보다 늦게 공부를 ＿＿＿＿＿＿＿ 최선을 다해서 열심히 해야지요.

05 모두 지켜보는 가운데 발표회가 열렸어요

학습 문법	1. -는 가운데 2. -는 건 차치하고 3. -는 까닭에

이렇게 말해요!

가: 모두가 **지켜보는 가운데** 우리가 개발한 신제품 발표회가 지금 열리고 있대요.

나: 이번에 개발한 제품이 판매 1위를 **하는 건 차치하고** 사람들의 좋은 평가를 받을 수 있으면 좋겠어요.

가: 지난번에 **실패한 까닭에** 이번에 더욱 더 노력을 했으니까 잘 될 거예요.

나: 모쪼록 좋은 결과가 나오길 바랄 뿐이에요.

(※모쪼록: 될 수 있는 대로)

문법 예문

1 -는 가운데
온 가족이 지켜보는 가운데 건강한 아이가 태어났어요.

2 -는 건 차치하고
1등을 하는 건 차치하고 시험에 통과만이라도 했으면 좋겠어요.

3 -는 까닭에
너를 믿는 까닭에 이번에는 용서를 하는 것이다.

1　-는 가운데

★ 어떤 상황이나 배경 등을 나타냄.
　　It expresses a certain situation or background, etc.

활용 형태

동사	-는 가운데
	-은/ㄴ 가운데
형용사	-은/ㄴ 가운데

활용 예문

- 전 국민이 응원하는 가운데 올림픽 개막식이 화려하게 개최되었습니다.
- 심각한 가뭄을 겪는 가운데 모처럼 단비가 내려 농민들이 걱정을 덜었습니다.
- 가족과 친지들이 지켜보는 가운데 두 사람은 결혼식을 올렸습니다.
- 바람도 불고 날씨도 궂은 가운데 프로야구 개막식이 열렸습니다.
- 모두들 신나게 즐기는 가운데 공연이 성공적으로 끝이 났습니다.
- 그는 가정 형편이 어려운 가운데 열심히 노력해서 꿈을 이루었습니다.

※ 주로 글말이나 뉴스 등 공식적인 경우에 많이 쓴다.

연습1

1 그 친구는 일과 공부를 병행하느라 힘든 생활을 (　　　　) 다른 사람을 위한 봉사 활동도 계속해 왔습니다.

　① 하기 보다는　　　　　　② 하는 바람에
　③ 하기 위해서　　　　　　④ 하는 가운데

2 모든 참석자들의 시선이 (　　　　) 영화 제작 발표회가 진행되었습니다.

　① 집중된 가운데　　　　　② 집중되는 대로
　③ 집중되기는커녕　　　　④ 집중되었을 텐데

연습2

1 비가 세차게 ＿＿＿＿＿＿＿＿＿＿ 경기는 중단되지 않고 계속 이어졌다.

2 수많은 관중들이 ＿＿＿＿＿＿＿＿＿＿ 그 후보는 준비했던 연설을 시작했다.

3 모두가 웃으며 신나게 ＿＿＿＿＿＿＿＿＿＿ 방송 프로그램의 녹화가 순조롭게 진행되었다.

4 온 국민이 모두 성원을 ＿＿＿＿＿＿＿＿＿＿ 올림픽 결승전에서 그 선수는 당당하게 금메달을 목에 걸었습니다.

5 여러 가지로 ＿＿＿＿＿＿＿＿＿＿ 이 자리에 참석해 주신 여러분께 진심으로 감사의 인사를 드립니다.

2 -는 건 차치하고

★ 어떤 일을 뒤로 하고 더 이상 문제 삼지 않음.
It means something is left behind and no longer considered a problem.

활용 형태

동사	-는 건 차치하고
	-은/ㄴ 건 차치하고
형용사	-은/ㄴ 건 차치하고
(명사)이다	은 차치하고

활용 예문

- 선물을 받는 건 차치하고 내 생일을 기억해 주면 다행이에요.
- 잘생긴 건 차치하고 키라도 컸으면 했는데 실망이네요.
- 유창한 건 차치하고 대화가 가능하기만 하면 좋겠어요.
- 일찍 퇴근하는 건 차치하고 오늘 안으로 집에 갈 수만 있으면 좋겠어요.
- 가격이 비싼 건 차치하고 제때 배달이라도 되면 좋겠네요.
- 경제적인 능력은 차치하고 마음이라도 착했으면 해요.

※ 유사 표현으로 '-는 건 고사하고'가 있으며 앞의 경우까지는 바라지 않으니 그보다 좋지 않은 뒤의 경우만이라도 이루어지길 바랄 때 쓴다.

연습1

1 아이들이 공부를 잘 (　　　　) 건강하게 자라 주면 더 바랄 게 없지요.
　① 하느라고　　　　　　　② 하기는 해도
　③ 하는 바람에　　　　　　④ 하는 건 차치하고

2 가: 내일 소풍인데 날씨가 맑으면 좋겠네요.
　나: 지금 하늘을 보니 날씨가 (　　　　) 비만 오지 않으면 다행이겠어요.
　① 맑아 봤자　　　　　　　② 맑기 망정이지
　③ 맑은 건 차치하고　　　　④ 맑지만 않는다면

연습2

1 가: 이제 자식들이 다 컸으니 효도를 받을 일만 남았네요.
　나: 자식들이 부모에게 ＿＿＿＿＿＿＿＿ 속상한 일만 안 만들면 다행이에요.

2 가: 생일인데 미역국이라도 드셨어요?
　나: 미역국을 ＿＿＿＿＿＿＿＿ 밥이라도 챙겨 먹을 수 있으면 좋겠어요.

3 가: 무엇보다 행복하게 사는 게 제일이 아니겠어요?
　나: 행복하게 ＿＿＿＿＿＿＿＿ 싸우지 않고 살면 다행이지요.

4 가: 이번 휴가에는 해외여행이라도 다녀오세요.
　나: 외국으로 여행을 ＿＿＿＿＿＿＿＿ 국내 여행이라도 해 봤으면 바랄 게 없겠어요.

5 가: 이번에 새로 들어 온 신입사원이 외국어를 잘 한다면서요?
　나: 외국어 ＿＿＿＿＿＿＿＿ 업무에 관한 기본 능력 정도는 갖춰야 하는데 일 하는 게 아주 엉망이에요.

3 -는 까닭에

★ 어떤 일이 생기게 된 원인이나 조건을 나타냄.
It shows a cause or condition of what happened.

활용 형태

동사	현재	-는 까닭에
	과거	-은/ㄴ 까닭에
형용사		-은/ㄴ 까닭에
(명사)이다		인 까닭에

활용 예문

- 아이를 어렵게 얻은 까닭에 애지중지할 수밖에 없어요.
- 밥을 너무 빨리 먹은 까닭에 체한 것 같아요.
- 오랜만에 만난 까닭에 할 얘기도 그만큼 많았어요.
- 밤이 늦은 까닭에 문을 연 약국이 하나도 없네요.
- 이 집은 교통이 편리한 까닭에 다른 곳보다 좀 비싸요.
- 천재 음악가인 까닭에 그의 사고를 많은 사람들이 안타까워하고 있어요.

※ '-기 때문에'와 의미 차이 없이 바꿔 쓸 수 있다.
- 아이를 어렵게 얻었기 때문에 애지중지할 수밖에 없어요.

연습1

1 경제가 (　　　　) 사람들의 소비 심리가 좀처럼 살아나질 않고 있습니다.
   ① 바닥이거니와　　　　　② 바닥이더라도
   ③ 바닥이기는 해도　　　　④ 바닥인 까닭에

2 가: 안색이 많이 안 좋아요. 좀 쉬세요.
   나: 하루 종일 쉬지도 않고 일만 (　　　　) 금방이라도 쓰러질 것 같아요.
   ① 하고자　　　　　　　　② 할 정도
   ③ 한 까닭에　　　　　　　④ 하기로서니

연습2

1 가: 벌써 다 먹었어요?
   나: 제가 너무 배가 ＿＿＿＿＿＿ 다른 사람들 것까지 모두 먹어 버렸어요.

2 가: 집에서 그렇게 일찍 나와요?
   나: 네, 집이 ＿＿＿＿＿＿ 새벽 6시 전에는 집에서 출발해야 지각을 안 해요.

3 가: 오늘부터 일을 시작하시면 됩니다.
   나: 제가 이 일을 처음 ＿＿＿＿＿＿ 여러 가지로 실수가 많을 텐데 잘 부탁 드립니다.

4 가: 왜 저녁을 안 먹어요?
   나: 점심 때 불고기를 혼자 3인분이나 ＿＿＿＿＿＿ 저녁은 안 먹어도 될 것 같아요.

5 가: 영수 씨는 언제나 열심히 공부를 하는 것 같네요.
   나: 남들보다 늦게 공부를 ＿＿＿＿＿＿ 더 많이 하지 않으면 안 되거든요.

06 아이를 위한답시고 너무 예의 없이 키워요

학습 문법	1. -는답시고 2. -는다(고) 치고 3. -는다면야

이렇게 말해요!

가: 요즘 일부 젊은 부부들 중에는 아이를 **위한답시고** 너무 예의 없이 키우는 경우가 있는 것 같아요.

나: 예의가 없는 건 **그렇다 치고** 너무 이기적인 사람으로 자라게 만드는 게 아닐까 싶어요.

가: 아이만 **잘 된다면야** 어떻게 되어도 좋다는 부모의 태도가 문제예요.

나: 그러게요. 그래서 점점 삭막한 사회가 될까 봐 걱정이에요.

(※삭막하다: 쓸쓸하고 막막하다)

문법 예문

1 -는답시고

돈 좀 번답시고 그렇게 잘난 척하지 마세요.

2 -는다(고) 치고

오늘은 바쁘니까 밥은 먹었다 치고 차나 한잔 하고 헤어집시다.

3 -는다면야

네가 1등만 한다면야 뭐든지 다 해 줄 수 있어.

1 -는답시고

★ 어떤 행동이나 상황을 얕보거나 비웃을 때 또는 말하는 사람이 겸손하게 표현함.
It is used to look down on or mock a certain action or situation, or when the speaker expresses the action or situation modestly.

 활용 형태

	현재	-는/ㄴ답시고
동사	과거	-았/었/였답시고
	미래	-겠답시고
형용사		-답시고
명사		(이)랍시고

활용 예문

- 아이들이 요리를 한답시고 주방만 엉망으로 만들어 놓았어요.
- 저는 열심히 한답시고 했지만 잘 안 되네요.
- 옷을 만들어 본답시고 옷감만 너무 많이 못쓰게 만들었어요.
- 엄마를 돕는답시고 오히려 일을 더 어렵게 만들었어요.
- 그 여자는 얼굴 좀 예쁘답시고 너무 자기 마음대로 하는 것 같아요.
- 가족이랍시고 늘 피해만 주는 형이 원망스럽습니다.

 ※ 다른 사람의 경우에 쓸 때는 무시하거나 얕잡아 보는 느낌이 있고 자신의 경우에 쓸 때는 겸손한 느낌을 준다.

연습1

1 직장에 (   ) 집안일이나 아이들에게 제대로 못 한 것이 마음 아파요.

　① 다녀 봤자　　　　　　② 다닌답시고

　③ 다니더라도　　　　　　④ 다니기보다는

2 가: 왜 이렇게 밥을 늦게 먹어요?

　나: 집에서 밥을 해 (   ) 요리를 만들다 보니 늦어졌어요.

　① 먹거들랑　　　　　　② 먹기는커녕

　③ 먹기로서니　　　　　　④ 먹는답시고

연습2

1 가: 남편이 나에게 요리를 _____ 주방을 엉망으로 만들어 놓았어요.

　나: 그래도 남편의 마음이 고맙지 않아요?

2 가: 김 과장은 일을 좀 _____ 사람들을 너무 함부로 대하는 것 같아요.

　나: 맞아요. 능력보다 인성이 우선이 아닐까 싶어요.

3 가: 왜 그렇게 화가 났어요?

　나: 영수가 명문 대학에 _____ 너무 잘난 척하는 걸 못 봐 주겠어요.

4 가: 이 옷을 직접 만들었다고요?

　나: 네, 내 손으로 직접 만들어 _____ 시작했다가 고생만 했어요.

5 가: 이번 국경일에 죄를 지은 경제인들을 모두 풀어 준다고 해요.

　나: 경제를 _____ 잘못을 눈 감아 준다면 법이 무슨 필요가 있을까요?

2 -는다(고) 치고

★ 실제는 아니지만 앞의 사실을 그렇다고 가정함.
It is used when assuming that the preceding one is true even though it is not real.

활용 형태

동사	현재	-는/ㄴ다(고) 치고
	과거	-았/었/였다(고) 치고
형용사	현재	-다(고) 치고
	과거	-았/었/였다(고) 치고
명사		(이)라(고) 치고

활용 예문

- 손님들이 많이 온다고 치고 음식을 넉넉하게 준비해야겠어요.
- 차는 마셨다 치고 배고프니까 식사부터 합시다.
- 이 앞에 사람들이 앉아 있다 치고 발표 연습을 해 보세요.
- 네 말이 맞다 치고 어디 한번 말이나 들어 보자.
- 영화는 봤다 치고 우리 쇼핑이나 하러 가요.
- 친구라고 치고 우리 속을 터놓고 얘기 좀 해요.

연습1

1 있었던 일을 (   ) 그냥 넘어갈 수는 없습니다.
   ① 없는 만큼   ② 없어 봤자
   ③ 없다고 치고   ④ 없는 건 차치하고

2 가: 오랜만에 만났는데 우리 식사라도 같이 합시다.
   나: 밥은 (   ) 저기 커피숍에 가서 이야기 좀 해요.
   ① 먹었거니와   ② 먹었다 치고
   ③ 먹었으니만큼   ④ 먹었기로서니

연습2

1 가: 이번 일은 그냥 넘어가기로 하지요.
   나: 아무 일도 _____ 그냥 넘어가기에는 문제가 좀 심각합니다.

2 가: 지난번에 빌린 돈 갚을게요.
   나: 빌려 준 돈은 _____ 그 대신에 맛있는 밥이나 한번 사세요.

3 가: 그동안 수고 많았는데 오늘 회식을 하는 게 어때요?
   나: 너무 피곤하니까 회식은 _____ 오늘은 일찍 들어가서 쉬고 싶어요.

4 가: 제게도 말할 기회를 주세요.
   나: 네 말이 _____ 어디 얘기나 들어 보자.

5 가: 지난번 일은 제가 정말 죄송했습니다.
   나: 그 일은 _____ 우리 다시 시작합시다.

3 -는다면야

★ 앞의 조건만 충족된다면 뒤의 일은 충분히 가능함.
It means the following one is quite possible if the condition in the preceding clause is fulfilled.

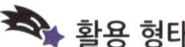 활용 형태

동사	현재	-는/ㄴ다면야
	과거	-았/었/였다면야
	미래	-겠다면야
형용사	현재	-다면야
	과거	-았/었/였다면야
명사(이다)		(이)라면야

활용 예문

- 여러분이 응원을 해 주신다면야 힘을 내서 열심히 해 보겠습니다.
- 당신이 그렇게 열심히 하겠다면야 한번 믿어 보도록 하지요.
- 젊고 건강하다면야 무슨 일이든 못 하겠어요?
- 날씨가 춥지 않다면야 얼마든지 걸을 수 있을 것 같아요.
- 여러분들이 즐겁다면야 아무리 힘들어도 계속할 수 있어요.
- 학생이라면야 당연히 공부를 해야 하는 거 아니겠어요?

연습1

1 가족들이 (   ) 어떤 어려움이 있어도 극복할 수 있습니다.

   ① 믿다가는   ② 믿거니와
   ③ 믿는 대신에   ④ 믿어 준다면야

2 가: 커피를 너무 많이 마시는 거 아니에요?

   나: 하루에 커피를 10잔 이상 (   ) 건강에 큰 문제는 없어요.

   ① 마시려다가   ② 마실 테니까
   ③ 마시지 않더라도   ④ 마시지 않는다면야

연습2

1 가: 대학에 합격하면 어떤 선물을 주실 거예요?

   나: 네가 합격만 _____ 원하는 건 다 해 줄 수 있으니까 꼭 합격해라.

2 가: 집에서 이렇게 음식을 만드는 게 귀찮지 않으세요?

   나: 가족들이 맛있게 _____ 귀찮아도 직접 만들어야지요.

3 가: 앞으로 어려운 일이 많이 있을 거예요.

   나: 진실한 사랑만 _____ 어떤 어려움도 헤쳐 나갈 수 있을 거예요.

4 가: 이번 대회에서 잘 할 수 있겠어요?

   나: 많은 분들이 응원을 _____ 최선을 다해 좋은 성적을 올려야지요.

5 가: 세계 일주가 꿈이라고요?

   나: 돈만 _____ 세계 일주 정도는 충분히 가능하지요.

07 자는 둥 마는 둥 했더니 피곤해요

학습 문법	1. –는댔자 2. –는 둥 마는 둥 3. –는 듯이

이렇게 말해요!

가: 미안하지만 오늘 회식에는 같이 못 갈 것 같아요. 술도 잘 못 마시는데 함께 **간댔자** 방해만 될 거예요.

나: 저도 어제 잠을 **자는 둥 마는 둥** 나왔더니 너무 피곤해서 집에 일찍 가서 쉬고 싶어요.

가: 그럼 다른 사람들 모르게 우리 둘 다 아무 일 **없는 듯이** 살짝 나가는 게 어때요?

나: 그거 좋은 생각이네요.

문법 예문

1 –는댔자
아이가 빨리 뛴댔자 얼마나 빨리 뛰겠어요?

2 –는 둥 마는 둥
시험공부는 하는 둥 마는 둥 하고 게임만 하고 있어요.

3 –는 듯이
영수가 춤을 추는 듯이 걷고 있어요.

1 -는댔자

★ 앞의 내용을 인정하지만 기대에 못 미치거나 별 것 아님.
It means the preceding one is admitted but falls short of the expectation or is unimportant.

 활용 형태

동사	현재	-는댔자
	과거	-ㄴ댔자
형용사		-댔자
명사(이다)		(이)랬자

활용 예문

- 며칠 공부한댔자 성적이 금방 좋아질 수 없어요.
- 아직 어린데 먹는댔자 얼마나 먹을 수 있겠어요?
- 술이 약해서 마신댔자 맥주 한 잔 정도밖에 못 마셔요.
- 그렇게 힘들게 산댔자 수백 년 사는 것도 아니잖아요.
- 얼굴이 아무리 예쁘댔자 배우보다는 못하지요.
- 그 사람하고는 나이랬자 몇 살 차이 나지 않는데 저를 너무 무시하네요.

 ※ '-어 봤자'와 의미 차이 없이 바꿔 쓸 수 있다.
 • 며칠 공부해 봤자 성적이 금방 좋아질 수 없어요.

연습1

1 하룻밤 (　　　　　) 산더미처럼 쌓인 일을 끝낼 수는 없다고 생각해요.

　① 새우고자　　　　　② 새운댔자

　③ 새우느라고　　　　④ 새웠으니만큼

2 가: 오늘 초대 손님이 많아요?

　나: 아니요, 이곳에 이사를 온 지 얼마 안 돼서 아는 사람도 별로 없기 때문에
　　　(　　　　) 친구 몇 명뿐이에요.

　① 손님이랬자　　　　② 손님이든지

　③ 손님이니만큼　　　④ 손님이기로서니

연습2

1 가: 이번에는 꼭 우리 팀이 이겨야 할 텐데 걱정이네요.

　나: 그 팀의 실력이 너무 뛰어나서 우리가 혹시 ＿＿＿＿＿＿＿ 큰 점수 차이로 이길 수 없을 거예요.

2 가: 요즘도 연탄이 잘 팔려요?

　나: 이제는 연탄을 많이 쓰지 않기 때문에 ＿＿＿＿＿＿＿ 얼마 되지 않아요.

3 가: 영수 씨 못 봤어요?

　나: 조금 전에 나갔기 때문에 아무리 빨리 ＿＿＿＿＿＿＿ 멀리 못 갔을 거예요.

4 가: 많이 바쁘시네요.

　나: 요즘 비수기라서 ＿＿＿＿＿＿＿ 오후에 잠깐뿐이고 늘 한가해요.

5 가: 일도 바쁜데 할머니가 자꾸 오라고 하셔서 어떻게 해야 할지 모르겠어요.

　나: 가 보세요. 할머니가 앞으로 ＿＿＿＿＿＿＿ 얼마나 더 사시겠어요?

2 -는 둥 마는 둥

★ 어떤 일을 하지만 제대로 열심히 하지 않음.
It means you are doing something but not properly and enthusiastically.

 활용 형태

| 동사 | -는 둥 마는 둥 |

활용 예문

- 급하게 나오느라고 다른 사람들한테 인사도 하는 둥 마는 둥 했어요.
- 늦잠을 자는 바람에 아침도 먹는 둥 마는 둥 출근했어요.
- 다른 생각을 하느라고 선생님 말씀을 듣는 둥 마는 둥 했어요.
- 영수가 요즘 공부를 하는 둥 마는 둥 하는 걸 보니 무슨 일이 있나 봐요.
- 옆에서 시끄럽게 떠들어서 잠을 자는 둥 마는 둥 했더니 피곤하네요.
- 회사 일 생각에 책을 읽는 둥 마는 둥 했어요.

 ※ 과거의 형태로는 '은 둥 만둥', 미래의 형태는 '을 둥 말 둥'으로 쓴다.
- 어제 잠을 잔 둥 만 둥 했더니 피곤해요.
- 아이가 무슨 말인지 할 둥 말 둥 하고 있어요.

연습1

1 아침에 늦어서 화장을 (   ) 출근을 했더니 얼굴이 이상해요.
   ① 하느라고   ② 하더라도
   ③ 하는 데다가   ④ 하는 둥 마는 둥

2 가: 왜 그렇게 졸고 있어요? 어제 잠을 못 잤어요?
   나: 네, 여행을 떠난다고 생각하니 가슴이 설레서 잠을 (   ) 나왔더니 졸리네요.
   ① 잔답시고   ② 자는 가운데
   ③ 잤다고 치고   ④ 자는 둥 마는 둥

연습2

1 가: 무슨 걱정이 있어요?
   나: 제 생일이라 어머니가 아침 일찍 미역국을 끓여 주셨는데 늦잠을 자는 바람에 _____ 나와서 죄송한 마음이 들어서요.

2 가: 아까는 왜 선생님께 혼났어요?
   나: 선생님 말씀을 _____ 하다가 질문에 대답을 못 했거든요.

3 가: 고향에는 잘 다녀왔어요?
   나: 기차 시간 때문에 급하게 서두르다가 어른들께 인사를 _____ 하고 온 것이 계속 마음에 걸리네요.

4 가: 언제나 일을 잘 하던 사람이 왜 그런 실수를 했어요?
   나: 아버지가 쓰러지셨다는 소식을 듣고 정신이 없어서 일을 _____ 하다가 큰 실수를 하고 말았어요.

5 가: 아까 시간에 쫓겨 급하게 나오느라고 옷을 _____ 나왔더니 지금 엉망이네요.
   나: 괜찮아요. 깨끗하기만 하면 되지요.

3 -는 듯이

★ 추측이나 짐작을 나타냄.
　　It means you make a guess or presumption.

활용 형태

동사	현재	-는 듯이
	과거	-은/ㄴ 듯이
	미래	-을/ㄹ 듯이
형용사		-은/ㄴ 듯이
명사(이다)		인듯이

활용 예문

- 그 사람은 멀리 여행이라도 떠나는 듯이 큰 가방을 들고 있었어요.
- 교실에 학생들이 하나도 없는 듯이 너무 조용하네요.
- 혼자 있을 때에도 사람이 있는 듯이 현관에 여러 개의 신발을 놓아 둡니다.
- 미영은 귀찮은 듯이 아무 말도 하지 않고 고개를 옆으로 돌렸어요.
- 친구는 바쁜 듯이 급하게 뛰어 나갔어요.
- 두 사람은 마치 연인인 듯이 아주 가까워 보였어요.

※ '-것처럼'과 의미 차이 없이 바꿔 쓸 수 있다.
　　• 교실에 학생들이 하나도 없는 것처럼 너무 조용하네요.

연습1

1 그 남자는 며칠을 (　　　　) 말없이 밥을 빠른 속도로 먹어 버렸어요.
   ① 굶을수록　　　　② 굶은 듯이
   ③ 굶더라도　　　　④ 굶었을 텐데

2 그는 매우 화가 (　　　　) 큰 목소리로 말을 하기 시작했다.
   ① 난 듯이　　　　② 났거들랑
   ③ 났다면야　　　④ 났기에 망정이지

연습2

1 비가 _____ 꽃잎이 바람을 타고 훨훨 날고 있는 모습이 정말 아름다웠어요.

2 내 말에 친구는 대답하기 _____ 밖으로 나가 버렸다.

3 나비가 손에 _____ 가깝게 내 주변을 날고 있어요.

4 그 남자는 곰이 나타나자 _____ 바닥에 엎드려 있었어요.

5 엄청나게 큰 파도가 모든 것을 _____ 해안가로 다가오고 있어요.

08 종일 굶은 마당에 맛없는 게 있겠어요?

학습 문법	1. -는 마당에 2. 는 물론이고 3. -는 바

이렇게 말해요!

가: 일이 다 **끝난 마당에** 이런 말을 하는 게 우습지만 좀 더 열심히 할 걸 그랬다는 생각이 들어요.

나: 너무 걱정하지 말아요. **영수 씨는 물론이고** 모든 직원들이 최선을 다했으니 좋은 결과가 있을 거예요.

가: 지난번에도 **겪은 바**와 같이 제대로 했다고 생각해도 늘 부족한 점이 나오니까 걱정을 안 할 수가 없어요.

나: 이제 모든 것은 하늘에 맡겨야지요.

문법 예문

1 -는 마당에
하루 종일 굶은 마당에 맛없는 음식이 어디 있겠어요?

2 는 물론이고
아이는 물론이고 어른들도 모두 좋아합니다.

3 -는 바
각자 맡은 바 책임을 다해 주기를 바랍니다.

1 -는 마당에

★ 어떤 일이 이루어진 상황이나 배경을 나타냄.
It means a certain situation or background that occurred.

활용 형태

동사	현재	-는 마당에
	과거	-은/ㄴ 마당에
형용사		-은/ㄴ 마당에

활용 예문

- 우리 이제 헤어지는 마당에 무슨 할 말이 있겠어요?
- 다른 직원들이 모두 쉬는 마당에 저 혼자 일 하기 싫어지네요.
- 모든 사실이 밝혀진 마당에 더 할 말이 있겠습니까?
- 시간도 부족한 마당에 여러 말 할 것 없이 빨리 서두르는 게 좋겠어요.
- 집도 좁은 마당에 그렇게 큰 가구가 무슨 필요가 있어요?
- 이렇게 한가한 마당에 못할 일이 어디 있어요?

※ '-는 터에'와 의미 차이 없이 바꿔 쓸 수 있다.
  • 우리 이제 헤어지는 터에 무슨 할 말이 있겠어요?

연습1

1 일과 육아의 부담으로 (　　　　) 또 아이를 낳는다는 것은 말도 안 돼요.

　① 힘들거들랑　　　　　② 힘든 마당에

　③ 힘들기로서니　　　　④ 힘들기는커녕

2 가: 아직도 안 자고 공부해요?

　나: 시험이 코앞으로 (　　　　) 어떻게 잠을 잘 수가 있겠어요?

　① 다가왔다면야　　　　② 다가왔다 치고

　③ 다가온 마당에　　　　④ 다가온 건 차치하고

연습2

1 비행기 시간 때문에 1분 1초가 ＿＿＿＿＿＿＿＿＿ 아이가 게임만 하고 있으니 화가 날 수밖에 없지요.

2 지진으로 인해 많은 사람들이 피해를 ＿＿＿＿＿＿＿＿＿ 자기 이익만 생각하는 사람들을 보면 정말 답답합니다.

3 전 세계적으로 물이 많이 ＿＿＿＿＿＿＿＿＿ 그렇게 물을 마구 낭비해서야 되겠어요?

4 이제 모든 일이 ＿＿＿＿＿＿＿＿＿ 지난 일을 다시 꺼내는 것은 아무 의미가 없다고 생각합니다.

5 배가 사고가 나서 너무나 많은 학생들이 ＿＿＿＿＿＿＿＿＿ 책임자가 나서서 사과 한 마디 없다는 것이 말이 안 됩니다.

2 는 물론이고

★ 앞의 명사도 당연히 포함됨.
It means the noun in the preceding clause is rightly included.

활용 형태

명사	은/는 물론이고

활용 예문

- 식사는 물론이고 커피까지 오늘은 제가 살게요.
- 너무 일이 바빠서 점심은 물론이고 저녁도 굶었어요.
- 제주도는 물론이고 한국은 어디든지 모두 가 보고 싶어요.
- 우리 아이는 강아지와 고양이는 물론이고 모든 동물을 좋아해요.
- 해외여행에서 여권은 물론이고 지갑과 카메라까지 모두 잃어버렸어요.
- 불고기는 아이는 물론이고 어른들까지 한국인이면 모두 좋아하는 음식이지요.

※ '을 포함하여'의 형태로도 쓸 수 있다.
- 식사를 포함하여 커피까지 오늘은 제가 살게요.

연습1

1. 이 시장은 (　　　　　) 옷이나 신발 등 모든 물건이 다 싸고 좋은 것 같아요.
   ① 음식이랬자　　　　　② 음식은커녕
   ③ 음식만 해도　　　　　④ 음식은 물론이고

2. 가: 영수 씨는 정말 일등 신랑감이네요.
   나: 맞아요. 영수 씨는 (　　　　　) 청소에 빨래까지 집안일도 잘 한다고 해요.
   ① 요리랍시고　　　　　② 요리일 텐데
   ③ 요리는 물론이고　　　④ 요리는 고사하고

연습2

1. 가: 아이들에게 좋은 영화를 좀 추천해 주세요.
   나: 이 영화는 _____ 어른들도 함께 볼 수 있는 감동적인 영화입니다.

2. 가: 링링 씨가 한국어를 그렇게 잘한다면서요?
   나: 네, 링링 씨는 _____ 여러 가지 외국어에 능통하다고 해요.

3. 가: 미진 씨 언니는 여행을 많이 했나 봐요?
   나: 우리 언니는 _____ 해외여행도 많이 해서 안 가 본 곳이 없을 정도예요.

4. 가: 새로 이사한 집은 마음에 들어요?
   나: 네, 이번에 옮긴 집은 _____ 가전제품까지 모두 있어서 정말 편리하고 좋아요.

5. 가: 회사 일은 재미있어요?
   나: 그럼요, _____ 분위기도 좋아서 일하기가 즐거워요.

3 -는 바

★ 앞의 내용 그 자체를 말하거나 그 사실을 나타냄.
It is used to state or express the preceding clause itself.

활용 형태

동사	현재	-는 바
	과거	-은/ㄴ 바
(명사)이다		인 바

활용 예문

- 지금부터 제가 아는 바를 모두 말씀드리도록 하겠습니다.
- 평소에 생각한 바를 솔직하게 얘기해 주세요.
- 전체 회의에서 내린 결정인 바, 모두 따라 주시기를 바랍니다.
- 그 사람의 말이 모두 사실로 밝혀진 바, 이와 관련된 사람들을 모두 용서하지 않겠습니다.
- 이번 계획의 자세한 내용은 미리 보고 드린 바 있습니다.
- 새로운 제도는 경제 안정에 크게 기여할 것으로 예상하는 바, 잘 정착될 수 있기를 바랄 뿐입니다.

※ 주로 공식적인 상황에서 격식을 갖추는 경우에 쓴다.

연습1

1 여러분은 앞으로도 각자 자기 자리에서 (　　　　) 역할에 성실하게 임해 주실 것을 부탁드립니다.
   ① 맡은 바   ② 맡거니와
   ③ 맡느니만큼   ④ 맡는 가운데

2 김 교수님은 평생을 수많은 연구 업적으로 나라에 크게 (　　　　), 그 공로를 인정받아 이번에 공로상을 수상하게 되셨습니다.
   ① 공헌하고자   ② 공헌한 바
   ③ 공헌하느라고   ④ 공헌한 대신에

연습2

1 이번 실수에 대한 책임을 _____, 모든 책임은 제가 지고 이 자리에서 물러나도록 하겠습니다.

2 이제부터 여러분들이 각자 _____ 솔직하게 말씀해 주시기를 바랍니다.

3 뉴스에서 _____에 따르면 이번 사건에 대해 본격적인 수사를 하게 될 것이라고 했습니다.

4 모든 사람들 앞에서 _____ 앞으로는 어떤 사실도 숨기지 않고 모두 밝히겠습니다.

5 사장님이 _____에 의하면 올해부터 영업 실적대로 특별 수당이 지급될 것이라고 합니다.

09 속는 셈치고 한번 드셔 보세요

학습 문법	1. -는 반면에 2. -는지라 3. -는 셈치고

이렇게 말해요!

가: 이 식당은 가격이 좀 **비싼 반면에** 최고의 재료를 사용하기 때문에 음식 맛이 아주 좋아요.

나: 그래요? 제가 이런 음식을 별로 좋아하지 **않는지라** 내키지 않아요.

가: 그럼 **속는 셈치고** 한 번만 드셔 보세요. 너무 맛있어서 놀라실 걸요?

나: 그렇다면 한번 먹어 봐야겠네요.

(※내키다: 하고 싶은 마음이 생기다.)

문법 예문

1　-는 반면에
　　도시는 교통이 편리한 반면에 너무 복잡해요.

2　-는지라
　　많은 사람들이 모두 맛있다고 하는지라 맛없다는 말을 못 하겠어요.

3　-는 셈치고
　　밥은 먹은 셈치고 일단 근처 카페에서 차나 한 잔 하기로 해요.

1 -는 반면에

★ 뒤에 오는 내용이 앞의 내용과 반대가 되거나 다른 상황이 전개됨.
It is used when the following one is in opposition of the preceding one or a different situation has unfolded.

활용 형태

동사	현재	-는 반면에
	과거	-은/ㄴ 반면에
형용사	현재	-은/ㄴ 반면에
명사(이다)		인 반면에

활용 예문

- 언니는 노래를 잘 하는 반면에 나는 춤을 잘 추는 편이에요.
- 형은 고기를 좋아하는 반면에 저는 생선을 좋아해요.
- 이번 홍수로 남쪽 지방은 피해를 입은 반면에 북쪽 지방은 괜찮았어요.
- 그녀는 얼굴이 예쁜 반면에 목소리가 별로 좋지 않아요.
- 그 회사는 월급이 많은 반면에 일이 너무 많아요.
- 내 생일은 겨울인 반면에 동생 생일은 여름이에요.

 ※ 주로 입말보다는 글말의 형태로 많이 쓴다.

연습1

1 작년 여름은 무더위가 극성을 (　　　　　) 올 여름은 너무 선선해서 농작물의 피해가 우려된다고 합니다.
   ① 부릴 겸 　　　　　② 부린 만큼
   ③ 부린 반면에 　　　④ 부리기는 해도

2 가: 신도시의 아파트가 인기가 많다면서요?
   나: 네, 신도시의 아파트들은 교통은 좀 (　　　　　) 인테리어나 시설 등이 아주 훌륭해서 신혼부부들에게 특히 인기가 많다고 해요.
   ① 불편하거니와 　　　② 불편하다면야
   ③ 불편한 까닭에 　　　④ 불편한 반면에

연습2

1 새로 이사한 집은 교통이 _____ 집 주변에 상가가 많아서 좀 시끄러운 편이에요.

2 재래시장은 백화점에 비해 채소와 같은 농산물이 많이 _____ 주차장이 좁은 편이라 주차가 좀 불편한 것 같아요.

3 한국 음식은 매운 음식이 _____ 일본 음식은 매운 음식이 별로 없는 것 같습니다.

4 이번에 개발된 신제품은 기존 제품에 비해 기능이 더욱 _____ 가격이 인하되어 소비자들의 큰 호응이 예상됩니다.

5 호주와 같이 지구의 남쪽에 위치한 나라들은 이제 겨울이 _____ 우리나라처럼 북쪽에 위치한 나라들은 여름입니다.

2 -는지라

★ 진행되고 있는 앞의 일이 뒤의 내용에 대한 이유나 근거가 됨.
　It means something in progress in the preceding clause becomes a cause or ground for the following one.

활용 형태

동사	현재	-는지라
	과거	-은/ㄴ지라
형용사	현재	-은/ㄴ지라
명사(이다)		인지라

활용 예문

- 너의 입장을 충분히 이해하는지라 더 이상은 문제 삼지 않겠다.
- 아이를 잃은 엄마가 너무 슬퍼하는지라 어떤 위로의 말도 할 수가 없었어요.
- 조금 전에 배불리 먹은지라 더 이상 먹을 수가 없어요.
- 여권은 물론 가진 돈까지 모두 잃어버린지라 어떻게 해야 할지 모르겠어요.
- 한 교실에 학생들이 매우 많은지라 두 반으로 나누었습니다.
- 다음 주부터 휴가인지라 오늘까지 끝내야 할 일이 산더미예요.

※ '-기 때문에'와 의미 차이 없이 바꿔 쓸 수 있다.
　• 조금 전에 배불리 먹었기 때문에 더 이상 먹을 수가 없어요.

연습1

1 수정 씨는 마음씨도 착한 데다가 예의도 (   ) 많은 사람들이 좋아합니다.
   ① 바른지라   ② 바르거니와
   ③ 바르거들랑   ④ 바르기로서니

2 가: 이렇게 쉬운 문제도 모르겠다고요?
   나: 초등학교 때 (   ) 너무 오래 되어서 잘 생각이 안 나요.
   ① 배웠더라도   ② 배웠는지라
   ③ 배운답시고   ④ 배우기보다는

연습2

1 가: 우리 저녁 먹으러 갈 건데 같이 안 갈래요?
   나: 저는 아까 피자와 햄버거까지 _____ 저녁은 굶어야 할 것 같아요.

2 가: 여기는 정말 외국인들이 많군요.
   나: 이 거리는 세계 각국의 다양한 음식점들이 _____ 평소에도 많은 관광객들이 붐비는 곳입니다.

3 가: 영화가 많이 슬펐어요?
   나: 네, 영화가 너무 _____ 창피한 줄도 모르고 계속 울면서 보았어요.

4 가: 왜 그렇게 작은 소리로 말해요?
   나: 아이가 겨우 잠이 _____ 깨우면 안 되거든요.

5 가: 케이크를 사는 걸 보니 오늘 누구 생일이에요?
   나: 네, 오늘이 동생 _____ 케이크를 사 가지고 집에 가려고요.

3 -는 셈치고

★ 앞의 행동이나 상황이 사실이라고 가정함.
It is used to presume that the action or situation in the preceding clause is true.

활용 형태

동사	현재	-는 셈치고
	과거	-은/ㄴ 셈치고

활용 예문

- 광고를 보고 손해 보는 셈치고 한번 사 봤어요.
- 운동하는 셈치고 나가서 산책이라도 합시다.
- 그렇게 말썽만 부리는 자식은 없는 셈치고 사는 게 편하겠어요.
- 친구에게 빌려 준 돈은 잃어버린 셈치고 지내는 게 정신 건강에 좋아요.
- 일이 너무 밀려서 점심은 먹은 셈치고 계속 해야겠어요.
- 영화는 본 셈치고 오늘은 쇼핑이나 하러 가요.

※ '-다고 치고'와 의미 차이 없이 바꿔 쓸 수 있다.
- 광고를 보고 손해 본다 치고 한번 사 봤어요.

연습1

1 아직 한 사람이 도착을 안 했지만 시간이 너무 늦어져서 모두 (   ) 회의를 시작하도록 하겠습니다.
   ① 오는 바   ② 오거들랑
   ③ 온 셈치고   ④ 오기는커녕

2 가: 어제 술자리에서 영수 씨가 한 말이 계속 마음에 걸려요.
   나: 술자리에서 하는 말은 못 (   ) 잊어버리는 것이 좋아요.
   ① 들은 만큼   ② 듣는다면야
   ③ 듣기로서니   ④ 들은 셈치고

연습2

1 가: 연락도 없이 외박을 했더니 엄마가 나가라고 막 화를 내셨어요.
   나: 어머니께서 나가라고 하신 건 진심이 아니실 테니까 _____ 죄송하다고 말해 보세요.

2 가: 아이의 실수까지 모두 부모가 책임져야 하는 건가요?
   나: 아이가 한 일은 부모가 _____ 책임을 져야 하는 게 맞아요.

3 가: 백화점 화장실에 지갑을 두고 그냥 나와 버렸어요.
   나: 사람이 많은 장소에 지갑을 놓고 왔다면 그냥 _____ 잊는 게 속이 편할 거예요.

4 가: 광고만 보고 물건을 구입하면 실패하기 십상이에요.
   나: 방송에서 나오는 광고만 보면 좀 의심스럽긴 하지만 _____ 그냥 사 봤어요.

5 가: 지난번 도와 주신 답례로 제가 오늘 저녁을 살게요.
   나: 시간이 없으니까 저녁은 _____ 커피나 한 잔 사세요.

10. 성격이 급한 탓에 실수를 많이 하는 편이에요

학습 문법	1. -는 탓에 2. -는 터라 3. -는 통에

이렇게 말해요!

가: 죄송합니다. 교통 체증이 너무 **심한 탓에** 좀 늦었습니다.

나: 저도 금방 왔어요. 내일부터 명절 연휴 **시작인 터라** 거리가 온통 주차장이 되어 버렸어요.

가: 그러게요. 귀성 차량이 한꺼번에 고속도로 쪽으로 **몰리는 통에** 주변 도로들까지 아주 난리더라고요.

나: 명절이 좋기는 하지만 어쩐지 고생이라는 생각도 들어요.

(※체증: 교통의 흐름이 순조롭지 못하고 많이 막히는 상태.)

문법 예문

1 -는 탓에
아기가 밤새도록 우는 탓에 잠을 한 숨도 못 잤어요.

2 -는 터라
하루 종일 아무 것도 먹지 못한 터라 배가 고파 죽을 것 같아요.

3 -는 통에
밖에서 떠드는 통에 말소리가 잘 안 들려요.

1 -는 탓에

★ 뒤에 오는 상황에 대한 이유나 원인을 나타내며 주로 부정적인 경우에 쓰임.
It expresses the reason or cause of the following situation and is usually used for a negative situation.

 활용 형태

동사	현재	-는 탓에
	과거	-은/ㄴ 탓에
형용사	현재	-은/ㄴ 탓에
명사		탓에/인 탓에

활용 예문

- 저는 추위를 많이 타는 탓에 겨울이 정말 싫어요.
- 비가 너무 많이 내린 탓에 농작물 피해가 심각한 상황입니다.
- 오늘 너무 많이 걸은 탓에 발에 물집이 생겼어요.
- 저는 아침잠이 많은 탓에 늘 지각을 하게 됩니다.
- 저는 급한 성격 탓에 실수를 많이 하는 편이에요.
- 직업이 선생님인 탓에 늘 다른 사람을 가르치려고 하는 것 같아요.

 ※ 긍정적인 경우에는 '-는 덕분에'를 쓰며 '-기 때문에'는 양쪽 모두 쓸 수 있다.
  • 선생님이 잘 가르쳐 주신 덕분에 합격할 수 있었어요.

연습1

1 우리 학교는 운동장이 (   ) 옆에 있는 중학교 운동장을 빌려 쓸 때가 많다.
   ① 좁은 탓에   ② 좁기는커녕
   ③ 좁을 텐데   ④ 좁기는 하지만

2 가: 올 여름은 그렇게 덥지 않은 것 같아요.
   나: 네, 작년 여름에는 더위가 극성을 (   ) 밤에 잠도 제대로 못 자고
       힘들었던 기억이 나네요.
   ① 부릴까 봐   ② 부린 탓에
   ③ 부린 듯이   ④ 부릴 정도로

연습2

1 가: 집이 마음에 든다고 하더니 왜 이사를 하려고 해요?
   나: 지금 살고 있는 집은 교통이 _____ 회사까지 출퇴근이 너무 힘들어서요.

2 가: 이번 신제품의 반응이 기대보다 못 미치는 것 같지요?
   나: 이번에 출시된 제품은 다양한 기능이 추가되었지만 기존 제품에 비해 가격이
       좀 _____ 소비자들의 호응이 좋지 않다고 하네요.

3 가: 왜 이렇게 병원에 환자가 많이 몰리는 거죠?
   나: 환절기라서 온도 차이가 _____ 병원마다 감기 환자들이 몰리고 있어요.

4 가: 체육관 화재로 인해 인명 피해가 많다면서요?
   나: 네, 갑자기 출입구 쪽으로 많은 사람들이 한꺼번에 _____ 사상자가 더욱
       늘어났다고 해요.

5 가: 요즘 장사가 안 돼서 정말 걱정이에요.
   나: 경제가 워낙 _____ 소비자들의 소비 심리가 더욱 위축되고 있나 봐요.

2 -는 터라

★ 앞의 어떤 상황이나 형편이 뒤에 오는 내용의 원인이나 근거가 됨.
It means a certain situation or circumstance in the preceding clause becomes a cause or ground of the following one.

활용 형태

동사	현재	-는 터라
	과거	-은/ㄴ 터라
	미래	-을 터라
형용사	현재	-은/ㄴ 터라
(명사)이다		인 터라

활용 예문

- 조금 전에 간식을 많이 먹은 터라 아직도 배가 불러요.
- 아버지께서 갑자기 화를 내시는 터라 아무 말도 할 수가 없었어요.
- 지금 바로 나가야 할 터라 바로 일을 처리해 드리기는 어렵습니다.
- 너의 상황을 충분히 이해하고 있는 터라 더 이상 아무 말도 하지 않겠다.
- 좁은 실내에 사람들이 너무 많은 터라 답답하기 그지없네요.
- 내일부터 시험인 터라 공부를 해야 해서 오늘은 나가기 힘들어요.

연습1

1 이곳은 늘 관광객들로 (　　　　　) 외국어를 잘 할 수 있는 직원들을 모집하고 있습니다.

① 붐빈 듯이　　　　　② 붐비는 터라

③ 붐볐기로서니　　　④ 붐볐다고 해도

2 가: 보고서 제출이 많이 늦어져서 어떡해요?

나: 할 수 없지요. 예상보다 많이 (　　　　　) 상사에게 야단을 맞을 각오를 하고 있어요.

① 늦었더니　　　　　② 늦기는커녕

③ 늦은 터라　　　　　④ 늦었기 망정이지

연습2

1 가: 어젯밤에 야식을 너무 ＿＿＿＿＿＿＿ 아침까지 배가 부른 것 같아요.

나: 그러니까 야식을 많이 먹는 것은 건강에 좋지 않아요.

2 가: 저는 한국에서 일을 해 보고 싶어요.

나: 제인 씨는 성격도 활발하고 적극적인 데다가 한국어 실력도 ＿＿＿＿＿＿＿ 한국에서 일자리 구하기가 정말 쉽겠네요.

3 가: 아직 퇴근 안 했어요?

나: 오전에 병원에 다녀오는 바람에 일이 ＿＿＿＿＿＿＿ 야근을 해야 할 것 같아요.

4 가: 왜 휴가를 내려고 해요?

나: 아이가 많이 ＿＿＿＿＿＿＿ 돌봐 줄 사람이 없어 휴가를 낼 수밖에 없어요.

5 가: 이번 대회의 각오를 말씀해 주시겠어요?

나: 상대팀의 실력이 워낙 ＿＿＿＿＿＿＿ 긴장이 되지만 열심히 해 보겠습니다.

3 -는 통에

★ 앞의 상황이 뒤에 일어나는 상황에 대한 원인이 됨.
　　It means the preceding situation becomes a cause of the following situation.

 활용 형태

동사	-는 통에

활용 예문

- 현관 벨 소리가 나는 통에 잠에서 깼어요.
- 갑자기 뒤에서 미는 통에 넘어져서 다리를 다쳤어요.
- 옆 사람들이 싸우는 통에 말리느라고 정신이 없었어요.
- 모기가 밤새도록 날아다니는 통에 한숨도 못 잤어요.
- 아이들이 시끄럽게 우는 통에 전화 통화가 힘들어요.
- 비가 세차게 쏟아지는 통에 우산을 써도 소용이 없네요.

 ※ '-는 바람에'와 의미 차이 없이 바꿔 쓸 수 있다.
　　• 현관 벨 소리가 나는 바람에 잠에서 깼어요.

연습1

1. 사람들이 갑자기 문 쪽으로 (　　　　) 많은 사람들이 넘어져서 다쳤어요.
   ① 몰렸더라도　　　② 몰리려다가
   ③ 몰리는 통에　　　④ 몰리는 대로

2. 가: 왜 이렇게 이불이 젖었어요?
   나: 햇빛에 말리려고 밖에 널어놓았는데 갑자기 소나기가 (　　　　) 다 젖어 버렸어요.
   ① 내린 통에　　　② 내렸을 텐데
   ③ 내린 마당에　　　④ 내린 반면에

연습2

1. 가: 왜 그냥 나와요?
   나: 커피숍에서 공부 좀 하려고 했는데 옆 사람들이 너무 큰소리로 _____ 할 수가 없어서요.

2. 가: 휴일인데 왜 회사에 나왔어요?
   나: 집 근처에서 공사를 _____ 너무 시끄러워서 집에 있을 수가 없었어요.

3. 가: 왜 다시 집에 가요?
   나: 급하게 _____ 중요한 서류를 집에 두고 왔거든요.

4. 가: 친구에게 사정을 말해 보았어요?
   나: 아니요, 친구가 막 화를 _____ 아무 말도 하지 못했어요.

5. 가: 영화는 잘 봤어요?
   나: 아니요, 앞에 있는 사람이 자꾸 휴대폰을 꺼내어 _____ 방해가 되어 영화에 집중을 못 하겠더라고요.

11. 포기하지 않는 한 방법이 있을 거예요

학습 문법	1. –는 판이다 2. –는 한 3. –는 한이 있더라도

이렇게 말해요!

가: 재료들이 너무 올라서 이대로 가다가는 식당 문을 **닫아야 할 판이니** 어떻게 해야 좋을지 모르겠어요.

나: 힘들어도 우리가 **포기하지 않는 한** 무슨 방법이 있을 거예요.

가: 우리가 **굶는 한이 있더라도** 직원들 월급은 줘야 할 텐데 걱정이네요.

나: 조금만 힘을 냅시다. 반드시 좋은 날이 올 거예요.

문법 예문

1 –는 판이다

가뭄이 오래 지속되고 있는 판이라 농민들의 걱정이 깊어지고 있다.

2 –는 한

사랑하는 가족이 있는 한 무슨 일이든 할 수 있습니다.

3 –는 한이 있더라도

죽는 한이 있어도 양심을 버리는 일은 못 합니다.

1 -는 판이다

★ (주로 부정적인) 상황이나 형편임을 나타냄.
It indicates a situation or circumstance (usually negative ones).

 활용 형태

	현재	-는 판이다
동사	과거	-은/ㄴ 판이다
	미래	-을 판이다
형용사	현재	-은/ㄴ 판이다

활용 예문

- 취직도 못 하는 판이니 결혼을 어떻게 할 수가 있겠어요?
- 주변의 상가들이 하나 둘 문을 닫는 판에 다시 투자를 해야 할지 고민이에요.
- 범인을 다 잡은 판에 놓쳐 버렸으니 그 책임을 져야겠지요.
- 사과를 해도 모자랄 판에 오히려 큰 소리를 치다니 기가 막히네요.
- 음식이 너무 적어서 혼자 먹기에도 부족한 판이에요.
- 일손이 적어서 한 사람이라도 아쉬운 판에 그만두겠다고 하면 안 되지요.

※ '-는 터에', '-는 마당에', '-는 상황에'와 의미 차이 없이 바꿔 쓸 수 있다.
- 취직도 못하는 터에 결혼을 어떻게 하겠어요?
- 취직도 못하는 상황에 결혼을 어떻게 하겠어요?

연습1

1 등록금도 너무 오른 데다가 아르바이트 자리도 못 구해서 학교를 (　　　　).
   ① 휴학할 판이다　　　　② 휴학하기 나름이다
   ③ 휴학할 리가 없다　　　④ 휴학하게 마련이다

2 지진으로 인해 도시의 기능이 전부 (　　　　) 자기만 살겠다고 도망을 치는 건 너무 비겁한 일입니다.
   ① 마비된다면야　　　　② 마비된 판에
   ③ 마비될지라도　　　　④ 마비되었기는 해도

연습2

1 생활비도 다 떨어져서 당장 밥도 _____ 좋은 일 나쁜 일 가릴 수가 있겠어요?

2 1, 2등을 다투던 우등생들도 시험에 _____ 공부도 안 하고 매일 게임만 하고 놀던 네가 합격을 한다는 게 말이 되겠니?

3 직원들에게 몇 달째 월급도 못 줄 정도로 회사 사정이 _____ 잠을 제대로 잘 수 있겠습니까?

4 오늘 안으로 처리해야 할 일이 많아서 밤이라도 _____ 한가하게 영화 볼 시간이 어디 있어요?

5 방이 너무 좁아서 혼자 자기도 _____ 다섯 명이나 어떻게 잘 수 있겠어요?

2 -는 한

★ 뒤의 상황이나 행동에 대한 조건을 먼저 나타냄.
It means the condition comes first for the following situation or action.

 **활용 형태**

동사	-는 한

활용 예문

- 네가 내 옆에 있는 한 나는 뭐든지 열심히 할 수 있어.
- 이 사실을 그 사람이 아는 한 비밀 유지는 힘들 거라고 생각해요.
- 그날 특별한 일이 없는 한 꼭 참석하도록 하겠습니다.
- 제가 살아 있는 한 절대 그 일을 잊을 수는 없을 거예요.
- 매일 야식을 그렇게 먹는 한 살을 빼기는 어려울 걸요.
- 공부를 그렇게 안 하는 한 절대 시험에 합격할 수 없을 거야.

 ※ '-다면'으로도 쓸 수 있으나 '-는 한'의 경우가 강조의 느낌을 준다.
• 네가 내 옆에 있다면 나는 뭐든지 열심히 할 수 있어.

연습1

1 저희 식당을 찾아 주시는 손님들이 (　　　　) 손해를 보더라도 좋은 재료를 사용하여 최고의 음식을 만들겠습니다.

① 계시는 한　　　　　　② 계시는 통에
③ 계시는 셈치고　　　　④ 계시는 반면에

2 가: 내일 행사가 잘 열릴 수 있을까요?
나: 특별한 사정이 (　　　　) 행사는 우리가 계획한 대로 진행될 겁니다.

① 생기다가는　　　　　② 생기는 만큼
③ 생기지 않는 한　　　④ 생기지 않는다고 해도

연습2

1 네가 지금처럼 노력도 안 하고 매일 시간을 _____ 아무도 너를 도와 주지 않을 것이다.

2 아무리 힘들고 어려운 일이 있더라도 _____ 반드시 좋은 결과가 올 거예요.

3 젊은 부부들이 아이를 많이 _____ 고령화 사회에서 벗어나기는 어려울 것으로 보입니다.

4 우리가 같은 직장에 _____ 서로를 존중하고 배려하지 않으면 다 같이 힘든 직장 생활이 될 수밖에 없어요.

5 건강에 신경을 쓰지 않고 일만 _____ 언젠가는 쓰러지고 말 거예요.

3. –는 한이 있더라도

★ 앞에 오는 내용이 아주 극단적임을 조건으로 하면서 자신의 강한 의지를 나타냄.
  It is used to express your strong determination under the condition that what was stated in the preceding clause is an extreme case.

활용 형태

동사	–는 한이 있더라도

활용 예문

- 굶는 한이 있더라도 이렇게 형편없는 음식은 먹지 않겠어요.
- 혼자 사는 한이 있더라도 사랑하지 않는 사람과는 결혼할 수 없어요.
- 회사를 그만두는 한이 있더라도 그런 일은 할 수 없습니다.
- 밤을 꼬박 새우는 한이 있더라도 이 일을 꼭 끝내야 해요.
- 우산이 없어서 옷이 다 젖는 한이 있더라도 그냥 가야 할 것 같아요.
- 가다가 쓰러지는 한이 있더라도 끝까지 가 보겠습니다.

※ '–을지언정'과 의미 차이 없이 바꿔 쓸 수 있다.
- 굶을지언정 이렇게 형편없는 음식은 먹지 않겠어요.

연습1

1 제가 가진 모든 재산을 다 (   ) 신제품 개발에 대한 연구는 계속할 생각입니다.

① 잃는댔자   ② 잃는 마당에
③ 잃을 뿐만 아니라   ④ 잃는 한이 있더라도

2 가: 이렇게 재료 값이 계속 오르는데 음식 가격도 올려야 하지 않겠어요?
   나: 재료 값이 올라서 손해를 (   ) 음식 값을 더 올릴 수는 없어요.

① 보는 가운데   ② 보는 셈치고
③ 보는 둥 마는 둥   ④ 보는 한이 있어도

연습2

1 가: 이제 곧 마지막 전철도 끊어지겠어요. 빨리 가요.
   나: 막차가 끊겨 집까지 _____ 하던 일은 끝내야 해요.

2 가: 그렇게 몸이 아픈데 어딜 나가려고 해요?
   나: 도중에 _____ 약속 장소에 나가 봐야 해요.

3 가: 부모님의 반대가 심하다면서 유학을 갈 수 있겠어요?
   나: 집에서 _____ 유학을 꼭 가고 싶어요.

4 가: 그 말을 하게 되면 동료들이 모두 비난을 하지 않을까요?
   나: 동료들에게 욕을 _____ 나쁜 것은 말하는 것이 옳다고 생각해요.

5 가: 자신은 먹을 것이 없어서 _____ 자식들에게는 맛있는 것을 먹이고 싶은 것이 부모의 마음일 겁니다.
   나: 맞아요. 그래서 부모님의 은혜는 끝이 없다고 하잖아요.

12 피자 두 판을 다 먹다시피 했어요

학습 문법	1. –는 한편 2. –다 못해 3. –다시피

이렇게 말해요!

가: 갑작스런 사고로 집을 잃은 이재민들을 위해 정부에서는 지원 대책을 **마련하는 한편**, 복구 작업도 더욱 박차를 가하고 있다고 해요.

나: 정말 안타까워요. 그래서 저도 **보다 못해** 도울 것이 없을까 하고 자원 봉사를 지원했어요.

가: 저도 성금을 보냈는데 자원봉사도 지원을 해야겠네요.

나: 지금은 너나 할 것 없이 모두 **나서다시피** 해야 할 것 같아요.

(※이재민: 지진, 홍수 등의 재해로 피해를 입은 사람.)

문법 예문

1 –는 한편
일도 하는 한편, 운동도 열심히 하면서 건강을 지키지 않으면 안 됩니다.

2 –다 못해
친구가 힘들어 하는 모습을 보다 못해 도와 주기로 했어요.

3 –다시피
너무 배가 고파서 피자 두 판을 다 먹다시피 했어요.

1 -는 한편

★ 어떤 행동이나 일을 하면서 동시에 다른 일도 함께 함.
It means you are doing one act and another at the same time.

활용 형태

동사	-는 한편

활용 예문

- 논문 준비를 위해 참고 자료를 정리하는 한편, 인터뷰도 진행하고 있어요.
- 시민들의 불만도 살피는 한편, 실질적인 대책 마련에도 신경을 써야 합니다.
- 직장 일도 하는 한편, 어머니 병간호도 해야 하니 고생이 많겠네요.
- 사고 피해 상황을 조사하는 한편, 복구 작업에도 참가하고 있습니다.
- 결혼 날짜가 잡혀서 신혼집을 구하러 다니는 한편, 밀린 일도 해야 하니 몸이 열 개라도 모자라요.
- 즐거운 휴가를 보내기 위해 자세한 일정 계획을 세우는 한편, 하던 일도 마무리하고 있는 중입니다.

※ 뉴스나 발표 등 주로 공식적인 경우에 많이 쓴다.

연습1

1 이번 재해로 인해 피해를 입은 지역에서는 복구 작업에 힘을 (　　　　　) 지역 주민들을 위한 지원 대책도 마련하고 있습니다.

　① 쏟는 탓에　　　　　② 쏟는 한편
　③ 쏟는 만큼　　　　　④ 쏟는 터라

2 가: 제인 씨는 한국어 공부를 어떻게 하고 있어요?
　　나: 매일 학교에 올 때마다 어학 방송을 (　　　　　) 주말에는 항상 영화나 드라마를 보면서 한국어 공부를 해요.

　① 듣는 바　　　　　② 듣는지라
　③ 듣는 한편　　　　④ 듣는답시고

연습2

1 영수는 학교생활도 충실히 ＿＿＿＿＿＿＿＿＿＿ 자기 계발도 부지런히 하고 있어 미래가 매우 기대되는 학생입니다.

2 민족 최대의 명절을 맞아 여러 백화점에서는 단골 고객들에게 특별 선물을 ＿＿＿＿＿＿＿＿＿＿ 대규모 할인 행사도 진행하고 있습니다.

3 새 학기를 맞이하여 우리 학교에서는 신입생을 위한 환영회를 ＿＿＿＿＿＿＿＿＿＿ 학부모들도 참여할 수 있는 기획 행사를 준비했습니다.

4 저출산 문제를 해결하기 위해서는 무상 보육 대책을 ＿＿＿＿＿＿＿＿＿＿ 국가 보육 시설을 대폭 늘리는 방안을 검토해야 할 것입니다.

5 신제품의 인기 덕분에 회사의 경영 형편이 좋아지면서 전 직원들에게 특별 수당을 ＿＿＿＿＿＿＿＿＿＿ 우수 직원에게는 포상 휴가도 실시하고 있습니다.

2. -다 못해

★ 정도나 상황이 한계에 이르러 더 이상 유지할 수 없음.
It means a situation has reached the limit or a certain degree so that it can no longer be continued.

활용 형태

동사 형용사	-다 못해

활용 예문

- 직원들의 불친절에 견디다 못해 사장에게 항의를 했습니다.
- 전철 안에 사람들이 많아 너무 답답해서 견디다 못해 그냥 내렸어요.
- 계속 고민을 하다 못해 그 사람에게 헤어지자고 말했어요.
- 며칠째 아무 연락이 없어서 기다리다 못해 직접 찾아왔어요.
- 그 곳의 경치는 아름답다 못해 눈이 부실 정도였어요.
- 밤사이 내린 눈이 하얗다 못해 푸르기까지 했어요.

연습1

1. 버스 안에서 옆자리 승객들이 시끄럽게 떠들어서 (   ) 조용히 해 달라고 한마디 했습니다.
   ① 참는지라
   ② 참다 못해
   ③ 참기는커녕
   ④ 참는 반면에

2. 너무도 애타게 기다리고 기다리던 합격 소식이라 (   ) 하늘을 날아오를 것 같았어요.
   ① 기쁘거들랑
   ② 기쁘답시고
   ③ 기쁘다 못해
   ④ 기쁘다 치고

연습2

1. 가: 왜 부부싸움을 했어요?
   나: 아내의 계속되는 잔소리를 _____ 나도 모르게 화가 났어요.

2. 가: 왜 회의를 하다가 도중에 나가 버렸어요?
   나: 좁은 실내에 사람이 너무 많으니까 _____ 숨이 막힐 것 같더라고요.

3. 가: 아기를 출산하느라 정말 고생 많았어요.
   나: 출산의 고통은 너무 _____ 그냥 죽을 것 같았어요.

4. 가: 어떻게 하다가 회사를 그만두게 됐어요?
   나: 상사의 부당한 요구와 괴롭힘에 _____ 사표를 내고 말았어요.

5. 가: 제주도의 바다가 그렇게 아름답다면서요?
   나: 네, 바다의 색깔이 _____ 눈이 부시더라고요.

3   -다시피

★ 듣는 사람이 느끼고 있는 것과 같거나 실제로는 아니지만 그와 비슷한 상태임.
  It means the state is actually same as what is felt by the listener or is similar to the actual situation even though not real.

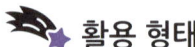 활용 형태

동사	-다시피

 활용 예문

- 여러분도 아시다시피 저는 지금 상황이 매우 좋지 않습니다.
- 축구 중계방송을 보느라고 밤을 꼬박 새우다시피 했어요.
- 저는 책을 정말 좋아하기 때문에 도서관에서 살다시피 해요.
- 조금 전에 들었다시피 다음 주에 중요한 행사가 있을 예정입니다.
- 보시다시피 이곳의 풍경은 말로 표현하기 어려울 정도로 아름답습니다.
- 살을 뺀답시고 거의 굶다시피 하는 것은 건강에 아주 나빠요.

> **Notice!**
> ※ 말의 가장 앞에 쓰면 상대방이 느끼는 것이 같다는 의미이고 중간에 쓰면 그것과 같은 의미가 된다.
> • 아시다시피 제 상황이 아주 좋지 않습니다. (상대방도 알고 있음)
> • 살을 빼기 위해 굶다시피 하는 것은 좋지 않아요. (굶는 것과 같음)

연습1

1 특별 할인행사를 한다는 안내 방송에 사람들이 한꺼번에 (　　　) 해서 큰 사고가 날 뻔했어요.

① 몰린 듯이　　　　　　② 몰리다시피

③ 몰린다 치고　　　　　④ 몰리는 둥 마는 둥

2 가: 많이 피곤해 보이네요. 무슨 일 있어요?

나: 책을 보느라고 잠을 못 자고 밤을 (　　　) 하고 출근했더니 피곤하네요.

① 새울수록　　　　　　② 새우는지라

③ 새운답시고　　　　　④ 새우다시피

연습2

1 가: 노래방에 자주 가시나 봐요.

나: 네, 저는 노래를 정말 좋아해서 노래방에 거의 매주 ＿＿＿＿＿＿ 해요.

2 가: 어떻게 결혼하게 되셨어요?

나: 남편이 저를 만나기 위해 매일 우리 집 앞에 와서 ＿＿＿＿＿＿ 했거든요.

3 가: 저를 좀 도와 주실 수 있을까요?

나: 죄송해요. ＿＿＿＿＿＿ 저도 지금 일이 쌓여서 도와 드리기가 어렵네요.

4 가: 어제 무슨 영화 봤어요?

나: 영화가 너무 재미없어서 보는 내내 ＿＿＿＿＿＿ 해서 무슨 내용인지 기억이 안 나요.

5 가: 왜 식사를 안 하고 있어요?

나: 아까 간식을 혼자 다 ＿＿＿＿＿＿ 했더니 소화가 안 되어서요.

13. 1인분만 먹어서야 배가 부르겠어요?

학습 문법	1. –던 차에 2. –되 3. –어서야

🧑 이렇게 말해요!

가: 이제 식사를 해도 된다고 하니까 고기라도 먹으러 갈까요?

나: 그동안 고기를 못 먹어서 안 그래도 정말 먹고 **싶던 차에** 잘 됐네요. 혼자 3인분은 먹을 수 있을 것 같아요.

가: 소화력이 약해져 있어서 고기를 **먹되**, 1인분 이상은 안 돼요.

나: 말도 안 돼요. 1인분만 **먹어서야** 어디 배가 부르겠어요?

🚀 문법 예문

1 –던 차에

지금 막 나가려던 차에 전화가 걸려 왔어요.

2 –되

커피를 마시되, 하루에 3잔 이상은 무리입니다.

3 –어서야

일이 너무 많아서 새벽이 되어서야 겨우 끝났어요.

1 -던 차에

★ 어떤 일을 하려고 하는 바로 그때 그것과 관계있는 일이 일어남.
It means something relevant happens just at that moment that something is about to be done.

활용 형태

동사	-던 차에

활용 예문

- 일자리를 찾고 있던 차에 마침 좋은 자리가 생겨서 다행이에요.
- 친구가 약속 장소에 오지 않아서 가려던 차에 연락을 받았어요.
- 식사를 하려던 차에 손님이 한꺼번에 몰려오는 바람에 굶었어요.
- 음식을 만들려던 차에 친구가 와서 함께 외식을 하러 나왔어요.
- 등록금 마련을 못 해서 휴학을 하려던 차에 아는 분의 도움을 받게 되었어요.
- 사건의 정황을 조사하던 차에 새로운 사실을 알게 되었습니다.

※ '-으려던 참에'와 의미 차이 없이 바꿔 쓸 수 있다.
  • 음식을 만들려던 참에 친구가 와서 함께 외식을 하러 나왔어요.

연습1

1 아무리 노력해도 결과가 좋지 않아서 그만 (　　　　) 좋은 기회가 생겨서 다시 한 번 시작해 볼까 합니다.
   ① 포기해 봤자
   ② 포기하는 통에
   ③ 포기하는 바람에
   ④ 포기하려던 차에

2 가: 제가 피자를 사 왔는데 같이 드실래요?
   나: 안 그래도 너무 바빠서 식사를 할까 말까 (　　　　) 잘 됐네요.
   ① 망설이느라고
   ② 망설이기로서니
   ③ 망설이던 차에
   ④ 망설이는 데다가

연습2

1 열심히 요리를 해서 막 _____ 급한 전화가 와서 통화를 하다 보니 음식이 다 식어 버렸지 뭐예요.

2 어떻게 하면 좋을까 하고 _____ 갑자기 좋은 해결책이 떠올랐어요.

3 안 그래도 계속 아르바이트 자리를 _____ 적당한 곳을 소개 받게 되어 정말 기뻐요.

4 유학을 갈지 취직을 할지 _____ 선생님 말씀을 듣고 공부를 계속하기로 결심하게 되었습니다.

5 퇴근 시간이 다 되어 일을 _____ 부장님의 부탁을 받고 야근을 하게 되었어요.

2 -되

★ 어떤 사실을 언급하면서 뒤에 조건이 있음을 나타냄.
It is used to express that there is a condition in the following clause when mentioning a certain truth.

활용 형태

동사	-되

활용 예문

- 게임을 하되, 하루 2시간 이상은 하면 안 된다.
- 대책을 마련하되 지역 주민들의 의견을 반영해야 할 것입니다.
- 식사는 가능하되 이곳에서만 할 수 있습니다.
- 술은 마시되 너무 많이 마시는 건 좋지 않으니까 주의하세요.
- 약을 먹되 충분한 물과 함께 복용하는 것이 좋습니다.
- 죄는 미워하되 사람은 미워하지 말라고 했어요.

※ '-더라도'와 의미 차이 없이 바꿔 쓸 수 있으며 '-되'는 글말의 느낌이 강하다.
- 죄는 미워하더라도 사람은 미워하지 말라고 했어요.

연습1

1 잠을 (　　　　) 늦어도 6시에는 일어나야 합니다.
　① 자되　　　　　　　　② 잘수록
　③ 자더니　　　　　　　④ 자기는커녕

2 규칙을 (　　　　) 구성원들과 충분히 논의를 거친 후에 정하는 것이 좋겠어요.
　① 정하면　　　　　　　② 정하되
　③ 정하거니와　　　　　④ 정하다가는

연습2

1 가: 이제 운동을 시작해도 될까요?
　나: 운동을 ＿＿＿＿＿＿＿＿ 다치면 안 되니까 너무 무리하지 마세요.

2 가: 자신의 의견을 말해도 되겠지요?
　나: 자기 의견을 ＿＿＿＿＿＿＿＿ 상대방의 입장도 배려하면서 하는 것이 좋겠지요.

3 가: 지금부터 음식을 만들기 시작하면 됩니까?
　나: 네, 지금부터 음식을 ＿＿＿＿＿＿＿＿ 30분 안에 완성을 시켜야 합니다.

4 가: 어떻게 투자를 하는 것이 좋을까요?
　나: 투자를 ＿＿＿＿＿＿＿＿ 한 곳이 아니라 여러 곳으로 분산 투자를 하는 것이 좋습니다.

5 가: 나가서 놀다 와도 되지요?
　나: 나가서 ＿＿＿＿＿＿＿＿ 12시 전에는 들어와야 한다.

3 -어서야

★ 앞 문장과 뒤 문장이 시간적 전후 관계임을 강조하거나 그렇게 하면 안 됨을 나타냄.
It is used to emphasize that the preceding and following sentences are temporarily related or to express that something should not be done.

활용 형태

동사 형용사	-어/아/여서야

활용 예문

- 이런저런 고민이 많아서 밤이 깊어서야 잠이 들었어요.
- 겨울이 다 지나서야 겨울 코트를 마련했어요.
- 막차를 탔더니 자정이 넘어서야 집에 도착을 했어요.
- 그렇게 담배를 많이 피워서야 건강을 지킬 수 있겠어요?
- 음식이 이렇게 맛이 없어서야 먹을 수 있겠습니까?
- 물건을 아무렇게나 만들어서야 사람들이 사겠어요?

※ '-어서'에 '야'를 붙여 쓰는 형태로 더욱 강조하는 느낌을 준다.

연습1

1 동생과 싸우고 집을 나와서 다음 날이 (　　　　) 집에 들어갔어요.
   ① 되다가는　　　　　　② 되어서야
   ③ 되는 만큼　　　　　　④ 되는 듯이

2 가: 건물은 멋있는데 주변의 소음이 너무 커서 문제네요.
   나: 이렇게 크고 멋진 건물에서 옆 공간의 소음이 다 (　　　　) 불안해서 살 수 있겠어요?
   ① 들려서야　　　　　　② 듣느라고
   ③ 듣는 대로　　　　　　④ 들린답시고

연습2

1 지도자라는 사람이 그렇게 혼자 마음대로 일을 _____ 사람들의 지지를 받을 수 있겠습니까?

2 이렇게 경제 상황이 _____ 외국인 투자자들이 투자를 하겠어요?

3 물건을 이 정도로 싸게 _____ 가게를 운영해 나갈 수 있겠어요?

4 이렇게 큰 지역에 주민을 위한 도서관이 하나도 _____ 되겠습니까?

5 그렇게 공부도 안 하고 _____ 시험에 합격할 수 있겠어요?

14 부모님의 반대에도 불구하고 유학을 왔어요

학습 문법	1. 에도 불구하고 2. -으랴 -으랴 3. -으나마

이렇게 말해요!

가: 바쁘신 **상황에도 불구하고** 이웃돕기 자선 바자회에 이렇게 직접 찾아 주셔서 진심으로 감사해요.

나: 바자회 **준비하랴** 어려운 이웃들 **살피랴** 늘 고생이 많으시네요.

가: 고생이 많기는요. 모두가 여러분 덕분입니다. **부족하나마** 최선을 다해 준비했으니까 천천히 둘러보시고 필요한 게 있으면 말씀해 주세요.

나: 네, 알겠습니다.

문법 예문

1. 에도 불구하고
   어려운 상황임에도 불구하고 민수는 열심히 공부해서 원하던 대학에 합격했다.

2. -으랴 -으랴
   일하랴 공부하랴 매일 매일 정신없이 살고 있어요.

3. -으나마
   간단하나마 이것으로 감사의 인사를 대신하겠습니다.

1. 에도 불구하고

★ 앞의 어떤 상황이나 상태와는 다른 결과가 뒤에 이어짐.
　It means a different result about a certain situation or state follows.

 활용 형태

명사	에도 불구하고

 활용 예문

- 오랜 다이어트에도 불구하고 살이 전혀 빠지지 않아 고민이에요.
- 부모님의 반대에도 불구하고 유학을 떠나기로 결심을 했어요.
- 안 좋은 상황에도 불구하고 최선을 다해 줘서 고마워요.
- 여러 번의 실패에도 불구하고 포기하지 않고 노력을 했습니다.
- 가족들의 응원에도 불구하고 사업에 실패를 해서 면목이 없습니다.
- 경제 발전에도 불구하고 여전히 점심을 굶는 아이들이 많습니다.

> **Notice!**
> ※ 동사나 형용사는 명사형 '-음'을 만들어 사용한다.
> ・경제가 발전했음에도 불구하고 여전히 점심을 굶는 아이들이 많습니다.
> ・날씨가 추웠음에도 불구하고 사람들이 많이 모였습니다.

연습1

1 그는 신체적인 (　　　　　) 피나는 노력과 훈련으로 올림픽 금메달을 목에 걸게 되었습니다.
   ① 장애라기보다는　　　　　② 장애라고 하더라도
   ③ 장애는 물론이고　　　　　④ 장애에도 불구하고

2 국제 유가의 지속적인 (　　　　　) 국내의 기름 값은 전혀 떨어지지 않고 있어 소비자들의 불만이 높아지고 있습니다.
   ① 하락은커녕　　　　　② 하락만 해도
   ③ 하락인 까닭에　　　　　④ 하락에도 불구하고

연습2

1 가족들의 심한 _____ 우리 두 사람은 결혼을 하게 되었습니다.

2 그 선수는 _____ 포기하지 않고 꾸준한 운동과 피나는 노력을 계속한 결과 이번 경기에서 우수한 성적을 거둘 수 있었습니다.

3 근처에서 계속되는 지하철 공사로 인해 집안 청소를 열심히 _____ 금방 먼지가 쌓이고 있어서 정말 속상해요.

4 그는 모든 사람들의 _____ 자신의 소신을 지키며 꾸준히 노력하여 성공적인 결과를 얻게 되었습니다.

5 의학의 눈부신 _____ 여전히 고칠 수 없는 불치병이 존재한다는 것이 안타깝습니다.

2 –으랴 –으랴

★ 한꺼번에 여러 가지 일을 함.
It means several things are done at the same time.

활용 형태

동사	-(으)랴 -(으)랴

활용 예문

- 요리하랴 전화 받으랴 정신이 하나도 없네요.
- 집안일 하랴 아이들 돌보랴 하루가 어떻게 가는지 모르겠어요.
- 원고 작업하랴 강의하랴 몸이 열 개라도 부족한 형편입니다.
- 새집 구하러 다니랴 결혼 준비하랴 눈코 뜰 새가 없어요.
- 상사 눈치 보랴 보고서 작성하랴 직장 생활이 정말 힘들어요.
- 주문 받으랴 음식 나르랴 너무 바빠서 화장실 갈 시간도 없어요.

연습1

1 우는 아이 (　　　　) 저녁 식사 준비하랴 전쟁터가 따로 없네요.

① 달래랴　　　　　　② 달래고자

③ 달래려다가　　　　④ 달래느라고

2 가: 직장 생활이 힘들 것은 예상했지만 업무 (　　　　) 대인관계 신경 쓰랴 정말 너무 어렵네요.

　　나: 처음 입사했을 때는 누구나 어려움을 겪지만 곧 익숙해질 거예요.

① 익히되　　　　　　② 익히랴

③ 익히더니　　　　　④ 익히기는커녕

연습2

1 가: 한국 생활은 재미있어요?

　　나: 한국어 _____ 대학 생활에 _____ 정신없지만 그래도 재미있어요.

2 가: 새로 가게를 열었다더니 잘 되고 있어요?

　　나: 개업한 지 얼마 되지 않아서 배달 전화 _____ 손님 _____ 하루가 어떻게 지나는지 모르겠어요.

3 가: 이사는 잘 했어요?

　　나: 네, 그런데 집안 _____ 짐 _____ 너무 힘들어요.

4 가: 처음 김치를 담가 본 소감이 어때요?

　　나: 처음 해 보니까 채소 _____ 양념 _____ 정말 어렵네요.

5 가: 사업 준비가 힘들 텐데 다 되어 가요?

　　나: 사업을 시작하려고 하니까 사무실도 _____ 직원도 _____ 신경 써야 할 것들이 한두 가지가 아니네요.

3 -으나마

★ 앞의 내용이 그다지 만족스럽지 않지만 받아들임.
It means the preceding clause is not satisfactory but accepted.

활용 형태

형용사	현재	-(으)나마
	과거	-았/었/였으나마
명사		(이)나마

활용 예문

- 부족하나마 작은 선물을 준비했으니 받아 주십시오.
- 서투르나마 음식을 만들어 보았는데 맛을 좀 봐 주세요.
- 누추하나마 잠깐 들어오셔서 차라도 한잔 하고 가세요.
- 늦게나마 인사를 드리려고 찾아뵈었습니다.
- 잠시나마 쉬었더니 그래도 피로가 좀 풀리는 것 같아요.
- 선생님 말씀을 들으니 조금이나마 위로가 되네요.

※ '-지만'으로 써도 의미는 크게 달라지지 않는다.
- 부족하지만 작은 선물을 준비했으니 받아 주십시오.

연습1

1 멋진 파티는 아니지만 그래도 (　　　　　) 이 정도면 즐거운 모임이 되었다고 생각해요.

① 아쉬운지라　　　　② 아쉬우나마
③ 아쉬운 셈치고　　　④ 아쉬운 반면에

2 가: 이걸 직접 만들었다고요?
　　나: 제가 직접 만든 음식을 대접하고 싶어서 (　　　　　) 한번 만들어 봤어요.

① 서투르나마　　　　② 서툴 테니까
③ 서투르기는커녕　　④ 서툴기에 망정이지

연습2

1 가: 보고서를 잘 마무리 했다니 정말 축하해요.
　　나: 고마워요. 영수 씨 덕분에 ＿＿＿＿＿＿ 보고서를 마무리할 수 있게 되었어요.

2 가: 아까는 정말 피곤해 보였는데 이제 좀 괜찮아졌어요?
　　나: 네, ＿＿＿＿＿＿ 눈을 좀 붙였더니 이제 견딜 만해요.

3 가: 연락이 안 돼서 걱정했는데 ＿＿＿＿＿＿ 소식을 들으니 좀 안심이 되네요.
　　나: 죄송해요. 진작 연락드렸어야 했는데 너무 바빴거든요.

4 가: 우리 사무실의 새 식구가 되신 걸 환영합니다.
　　나: 감사합니다. ＿＿＿＿＿＿ 최선을 다해 열심히 해 보겠습니다.

5 가: 이렇게 도와 주셔서 저에게는 아주 큰 힘이 되었습니다.
　　나: ＿＿＿＿＿＿ 도움이 되셨다니 다행입니다.

15 날씨가 맑으면 좋으련마는 비가 오네요

학습 문법	1. -으랴마는 2. -으련마는 3. 으로 말미암아

이렇게 말해요!

가: 요즘 같은 불경기에 어렵지 않은 사람이 **있으랴마는** 적은 월급에 물가는 자꾸 오르고 정말 살기가 힘들어요.

나: 모두가 행복하게 살면 **좋으련마는** 요즘은 다들 어려운 상황이니 참 걱정이네요.

가: 오랜 경제 **불황으로 말미암아** 도산하는 회사들도 많다는데 우리 회사도 어떻게 될지 몰라 불안하기만 해요.

나: 그래도 희망을 가져야지요. 힘냅시다.

(※도산: 재산이 모두 없어져서 망하게 됨.)

문법 예문

1 -으랴마는
돈이 싫지 않은 사람이 있으랴마는 그래도 돈보다 사람이 우선이지요.

2 -으련마는
내일 날씨가 맑으면 좋으련마는 지금 보니 눈이 올 것 같아요.

3 으로 말미암아
전쟁으로 말미암아 고통을 받는 사람들이 아직도 많이 있습니다.

1 -으랴마는

★ 앞 일은 인정하지만 뒤의 일에는 영향을 미치지 않음.
It means what happened in the preceding clause is admitted but does not affect the following situation.

활용 형태

동사 형용사	현재	-(으)랴마는
	과거	-았/었/였으랴마는
(명사)이다		이랴마는

활용 예문

- 늘 지각하던 영수가 제 시간에 오랴마는 그래도 조금만 더 기다려 봅시다.
- 일을 잘하고 싶지 않은 사람이 있으랴마는 그보다는 건강이 더 중요하지요.
- 큰 사고를 당했으니 어찌 힘들지 않았으랴마는 잘 극복하기를 바랍니다.
- 그날의 공포를 어찌 잊으랴마는 그래도 시간이 많이 흘렀으니 잊어야겠지요.
- 이 정도 청소한다고 깨끗하랴마는 안 하는 것보다는 낫지 않겠어요?
- 자식을 버리는 사람이 어떻게 부모이랴마는 그 마음이 과연 편했을까요?

 ※ '-을까마는'과 의미 차이 없이 바꿔 쓸 수 있다.
  • 일을 잘하고 싶지 않은 사람이 있을까마는 그보다 건강이 더 중요하지요.

연습1

1 다른 사람의 마음을 이해하는 것이 (   ) 진정한 의사소통을 하려면 서로가 노력해야 할 것입니다.
   ① 쉬울수록　　　　　　　　② 쉽거니와
   ③ 쉬우랴마는　　　　　　　④ 쉽다고는 해도

2 가: 올해는 꼭 합격을 해야 하는데 정말 걱정이에요.
   나: 큰 시험을 앞두고 마음이 어찌 (   ) 그래도 가끔 기분 전환도 하세요.
   ① 편한지라　　　　　　　　② 편하랴마는
   ③ 편하기는커녕　　　　　　④ 편함에도 불구하고

연습2

1 가: 요즘은 너무 바빠서 부모님께 연락도 제대로 못 드리고 살아요.
   나: 직장 생활에다 학업까지 하려니 시간이 ＿＿＿＿＿＿ 가끔 전화 연락이라도 드려야지요.

2 가: 이 문제는 너무 어려워서 못 풀 것 같아요.
   나: 중급 실력도 안 되는데 고급 문제가 ＿＿＿＿＿＿ 집중해서 잘 풀어 보세요.

3 가: 저를 위해 이렇게 직접 음식을 만들어 주시니 감사합니다.
   나: 처음 만들어 본 거라 ＿＿＿＿＿＿ 정성껏 만들었으니 맛을 봐 주세요.

4 가: 그동안 어려움이 많았는데 제품 개발에 성공했으니 다행이에요.
   나: 우리가 개발한 제품이 좋은 반응을 얻고 있으니 어찌 기쁘지 ＿＿＿＿＿＿ 함께 일했던 동료들이 많이 떠나서 마음이 아픕니다.

5 가: 어려운 사람들을 위해 늘 도움을 주시니 정말 대단하시네요.
   나: 자기 재산이 아깝지 않은 사람이 ＿＿＿＿＿＿ 서로 돕고 살아야지요.

2　-으련마는

★ 어떤 상황이나 결과를 기대하지만 뒤의 상황은 그렇지가 못함.
　It means a certain situation or result was expected but the actual situation in the following did not meet the expectation.

활용 형태

동사 형용사	현재	-(으)련마는
	과거	-았/었/였으련마는
(명사)이다		이련마는

활용 예문

- 좀 전에 간식을 안 먹었으면 더 많이 먹으련마는 배가 불러 더 못 먹겠어요.
- 조금만 서둘렀으면 그 기차를 탔으련마는 너무 늦었어요.
- 합격을 했으면 좋으련마는 결과가 좋지 않아 유감이네요.
- 바람만 불지 않으면 따뜻하련마는 너무 세게 불어 추워요.
- 최선을 다했으면 좋았으련마는 노력을 별로 하지 않았으니 어쩔 수가 없지요.
- 지금이라도 와 주면 다행이련마는 아무 연락도 없으니 안 오나 봅니다.

※ '-었을 텐데'와 의미 차이 없이 바꿔 쓸 수 있다.
　• 조금만 서둘렀으면 그 기차를 탔을 텐데 너무 늦었어요.

연습1

1 이렇게 바쁠 때 조금만 도와 주면 (　　　　　) 친구는 휴대폰만 붙들고 있으니 정말 속상해요.
   ① 좋아서야　　　　　　② 좋은지라
   ③ 좋기로서니　　　　　④ 좋으련마는

2 가: 제가 요리 솜씨가 좋다면 직접 만들어 (　　　　　) 솜씨가 안 좋아서 배달 음식을 시킨 거니까 이해해 주세요.
   나: 아니에요. 오히려 초대해 주셔서 제가 감사하죠.
   ① 대접하느라고　　　　② 대접하기보다는
   ③ 대접했으련마는　　　④ 대접하기는 하지만

연습2

1 가: 조금만 더 열심히 했다면 이번 시험에 ＿＿＿＿＿＿ 제대로 준비를 못 했어요.
   나: 다음에는 잘 될 거예요. 너무 실망하지 마세요.

2 가: 새로 들어간 직장은 어때요?
   나: 매일 야근만 아니라면 좋은 ＿＿＿＿＿＿ 일이 너무 많아서 너무 힘들어요.

3 가: 어, 벌써 불꽃놀이가 끝났나 봐요.
   나: 그러게요. 조금만 더 일찍 왔으면 멋진 불꽃놀이를 ＿＿＿＿＿＿ 아쉽네요.

4 가: 그 영화 어땠어요?
   나: 못 봤어요. 그 영화를 보았으면 ＿＿＿＿＿＿ 좀 늦게 갔더니 이미 매진이 되었더라고요.

5 가: 실수만 없었다면 ＿＿＿＿＿＿ 우승의 문턱에서 진 것이 너무 안타깝네요.
   나: 그래도 준우승을 했으니 정말 대단한 거예요.

3 으로 말미암아

★ 앞 문장의 상황이 원인이 되어 뒤에 어떤 결과가 옴.
It means a certain result follows the situation or cause of the preceding sentence.

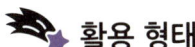 **활용 형태**

명사	(으)로 말미암아

활용 예문

- 지진으로 말미암아 도시의 기능이 거의 정지되었습니다.
- 너로 말미암아 내가 받은 상처는 말로 다 할 수가 없을 거야.
- 저의 사소한 실수로 말미암아 회사가 큰 피해를 입게 되었습니다.
- 계속되는 말다툼으로 말미암아 결국 두 사람은 헤어졌다고 해요.
- 그 사고로 말미암아 한 가정이 완전히 망가져 버렸습니다.
- 유조선의 기름 유출 사태로 말미암아 바다의 오염이 심각한 상태입니다.

 ※ '으로 인해'와 의미 차이 없이 바꿔 쓸 수 있다.
  • 지진으로 인해 도시의 기능이 거의 정지되었습니다.

연습1

1 인간의 지나친 (　　　　) 지구 환경이 점점 파괴되고 결국 그 대가는 다시 인간에게 돌아오게 마련입니다.
   ① 욕심만 해도　　　　　② 욕심이긴 하지만
   ③ 욕심으로 말미암아　　④ 욕심에도 불구하고

2 과도한 (　　　　) 자신은 물론이고 주변 사람들의 건강까지 해칠 수 있으니까 이제부터라도 담배를 끊는 게 좋겠어요.
   ① 흡연이라도　　　　　② 흡연만 아니라면
   ③ 흡연이긴 하지만　　　④ 흡연으로 말미암아

연습2

1 어젯밤부터 그치지 않고 계속된 _____ 강물이 넘쳐 주변 지역의 건물과 차량들이 모두 침수되고 있습니다.

2 일부 정치인들의 _____ 국민들의 원성이 점점 높아지고 있는 실정입니다.

3 사소한 _____ 인간관계가 어려워지는 상황이 발생할 수 있습니다.

4 오랫동안 지속되는 경제 _____ 문을 닫는 기업이 속출하고 국민들은 고통을 받고 있습니다.

5 지구촌 곳곳에는 아직도 _____ 살던 지역을 떠나 여러 곳을 방황하는 난민들이 많습니다.

16 놀라우리만치 과학이 발전하고 있어요

학습 문법	1. 으로 하여금 2. -으리만치 3. -으리라(고)

🧑 이렇게 말해요!

가: 발의 움직임을 감지해서 운동량을 측정하는 신발이 나왔대요. 과학의 발전은 **인간으로 하여금** 최고의 삶을 누릴 수 있게 해 주는 것 같아요.

나: 맞아요. 요즘은 **놀라우리만치** 과학 기술이 발전하고 있어요.

가: 앞으로도 더 많은 혁신적인 제품들이 쏟아져 **나오리라고** 생각해요.

나: 10년 후의 세상이 정말 기대되는 요즘입니다.

(※감지하다: 느끼어 알게 되다.)

🚀 문법 예문

1 으로 하여금
좋은 광고는 보는 사람으로 하여금 사고 싶은 마음이 들게 만든다.

2 -으리만치
초등학교 때 친구를 너무 오랜만에 만나니 얼굴을 알아볼 수 없으리만치 많이 변해 있었다.

3 -으리라(고)
이번에는 반드시 잘 할 수 있으리라고 믿습니다.

고급 | 267

1 으로 하여금

★ 앞의 명사가 뒤의 행동을 하는 주체가 됨.
It means the preceding noun becomes a main agent for the following action.

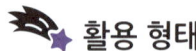 활용 형태

명사	(으)로 하여금

 활용 예문

- 선생님은 학생들로 하여금 스스로 문제를 풀어 보도록 하셨다.
- 현명한 부모는 아이로 하여금 자율적으로 행동할 수 있게 만든다.
- 어려워진 경제 상황은 국민들로 하여금 소비를 안 하게 만들고 있다.
- 사고 피해의 유족들은 대통령으로 하여금 실질적인 대책을 마련하도록 요구하고 있다.
- 그 후보의 부정한 행동이 지지자들로 하여금 등을 돌리게 만들었다.
- 자연의 위대함은 인간으로 하여금 겸손한 자세를 갖게 한다.

> Notice!
> ※ '에게'와 의미가 같지만 좀 더 앞의 명사를 강조하는 느낌을 준다.
> • 선생님은 학생들에게 스스로 문제를 풀어 보도록 하셨다.

연습1

1 바람직한 상업 광고는 ( ) 즐겁게 지갑을 열게 만드는 것이라고 생각합니다.
   ① 소비자로 인해   ② 소비자만 해도
   ③ 소비자로 하여금   ④ 소비자는 물론이고

2 이번에 발표된 교육 대책은 ( ) 입시 위주의 공부에서 벗어나 자율적으로 학업 방식을 선택하도록 하는 데에 있습니다.
   ① 학생은 물론이고   ② 학생들로 하여금
   ③ 학생이긴 하지만   ④ 학생으로 말미암아

연습2

1 훌륭한 부모는 물고기를 잡아 주는 부모가 아니라 _____ 직접 물고기를 잡을 수 있는 방법을 알려 주는 부모입니다.

2 그 영화는 _____ 추억의 그 시절로 다시 돌아가게 만드는 매력을 가지고 있어 인기를 모으고 있다.

3 전통 문화 체험은 _____ 한국의 역사와 전통적인 풍습을 동시에 익힐 수 있게 한다는 장점을 가지고 있다.

4 이번 등산은 _____ 친목을 도모하게 하고 체력 단련을 하도록 하는 일석이조의 취지를 가지고 있으므로 많은 참석 바랍니다.

5 아내의 격려와 응원은 _____ 더욱 힘을 내게 만드는 가장 효과적인 에너지라고 생각합니다.

2 -으리만치

★ 앞의 내용이 뒤에 오는 상황에 대한 근거가 됨.
It means the preceding clause becomes a ground for the following situation.

활용 형태

동사 형용사	현재	-(으)리만치
	과거	-았/었/였으리만치

활용 예문

- 오랜만에 어머니가 끓여 주신 된장국은 눈물이 나리만치 맛이 있었어요.
- 10년 만에 가 본 고향은 놀라우리만치 발전해 있었어요.
- 유리창에 햇빛이 비쳐 눈을 뜰 수 없으리만치 눈이 부시네요.
- 갑작스런 사고 소식을 듣고 밥도 제대로 못 먹었으리만치 놀랐어요.
- 동생이 만든 음식은 한 숟가락도 못 먹었으리만치 이상했어요.
- 그 영화는 너무 재미가 없어서 보다가 잠이 들었으리만치 지루했어요.

※ 유사 표현으로 '-을 만큼'이 있다.
- 오랜만에 어머니가 끓여 주신 된장국은 눈물이 날 만큼 맛이 있었어요.

연습1

1 어머니가 해 주시는 음식은 언제나 두 그릇 이상 (　　　　) 맛이 있습니다.
   ① 먹는 터라　　　　　　② 먹으려다가
   ③ 먹으리만치　　　　　　④ 먹으련마는

2 가: 정말 오랜만에 한국에 다시 오신 거지요?
   나: 네, 오랜만에 왔더니 예전보다 (　　　　) 변해서 어디가 어딘지 모르겠어요.
   ① 놀랍다면야　　　　　　② 놀라우리만치
   ③ 놀랍기는커녕　　　　　④ 놀랍기는 해도

연습2

1 가: 그 영화가 그렇게 재미있어요?
   나: 네, 그 영화는 제가 10번도 더 ＿＿＿＿＿＿＿ 감동적이니까 꼭 보세요.

2 가: 바로 가까이에서 공사를 하니 정말 시끄럽겠네요.
   나: 네, 요즘은 밤에도 공사를 하고 있어서 제대로 잠도 ＿＿＿＿＿＿＿ 정말 힘들어요.

3 가: 그때는 정말 놀랐겠어요.
   나: 그날의 일은 살면서 한 순간도 잊을 수 ＿＿＿＿＿＿＿ 충격적인 일이었어요.

4 가: 가족끼리 외식을 하려고 하는데 좋은 식당 좀 추천해 주세요.
   나: 여기 가 보세요. 한 번 가 본 사람은 꼭 다시 가고 ＿＿＿＿＿＿＿ 음식 맛도 좋고 분위기도 아주 좋아요.

5 가: 주말에 집에서 독서를 하려고 하는데 좋은 책 있어요?
   나: 이 책은 제가 지금까지 여러 번 ＿＿＿＿＿＿＿ 괜찮은 책인데 한번 읽어 보세요.

3 -으리라(고)

★ 의지나 추측을 나타내며 생각 또는 기대, 결심 등을 표현함.
   It shows a strong determination or assumption, and expresses an idea, expectation or determination.

활용 형태

동사 형용사	현재	-(으)리라고
	과거	-았/었/였으리라고
(명사)이다		이리라고

활용 예문

- 내년에는 꼭 유학을 가리라고 결심했습니다.
- 저는 언젠가 선생님이 되는 꿈을 이루리라고 다짐했습니다.
- 오늘 안에는 이 일을 마칠 수 있으리라고 생각해요.
- 우리 예상처럼 쉽게 되리라고 생각하지는 않습니다.
- 두 시간 정도면 충분히 쉬었으리라고 생각합니다.
- 그 사람은 분명 예술가이리라고 예상합니다.

 ※ '-을 것이라고'와 의미가 비슷하지만 '-으리라'의 경우가 더욱 굳은 결심을 의미한다.

연습1

1 아무리 한국 음식이 매워도 이번에는 꼭 (　　　　) 생각하고 있어요.
   ① 먹거니와　　　　　　　② 먹기로서니
   ③ 먹는답시고　　　　　　④ 먹으리라고

2 가: 오늘 직원 야유회인데 민정 씨는 오늘도 지각인가 보네요.
   나: 1시간 전에 출발했다고 하니까 곧 (　　　　) 생각하는데요.
   ① 도착하고자　　　　　　② 도착하다시피
   ③ 도착하리라고　　　　　④ 도착하기는커녕

연습2

1 가: 영수 씨는 안 올 것 같네요.
   나: 영수 씨는 약속을 지키는 사람이니까 늦어도 꼭 ＿＿＿＿＿＿ 믿습니다.

2 가: 그렇게 담배를 많이 피우다가는 건강을 해치고 말 거예요.
   나: 몇 년째 실패했지만 올해는 반드시 담배를 ＿＿＿＿＿＿ 결심했으니까 지켜봐 주세요.

3 가: 역시 그 사람을 믿는 게 아니었어요.
   나: 그 분은 결코 우리를 실망시키지 않을 ＿＿＿＿＿＿ 생각해요.

4 가: 아버님께서 병이 악화되셨다면서요?
   나: 네, 하지만 아버지께서는 이 병을 꼭 ＿＿＿＿＿＿ 믿고 있습니다.

5 가: 두 분이 그렇게 사이좋으셨는데 한 분이 먼저 세상을 떠나셨네요.
   나: 두 분 중에 한 분이 먼저 떠나셔서 슬프시겠지만 두 분이 서로 무척 아끼고 사랑하셨으니까 사는 동안 많이 ＿＿＿＿＿＿ 생각합니다.

17 자기만 좋으면 그만이에요

학습 문법	1. –으면 그만이다 2. –으면 몰라도 3. –으므로

이렇게 말해요!

가: 요즘은 다른 사람의 입장은 생각하지 않고 자기만 **좋으면 그만이라고** 생각하는 사람들이 점점 늘어나는 것 같아요.

나: 맞아요. 특히 공공장소에서 주위를 의식하지 않고 자기 편할 대로 행동하는 사람들을 보면 안타깝기만 해요.

가: 특별한 **경우이면 몰라도** 자신만 좋은 것보다 모두 함께 행복한 것이 훨씬 좋을 텐데요.

나: 혼자 사는 세상이 아닌 더불어 사는 **세상이므로** 우리부터라도 서로를 배려하며 살아야겠어요.

(※더불다: 두 사람이상이 함께하다. 무엇과 같이 하다.)

문법 예문

1 –으면 그만이다
제가 원하는 사람은 다른 것보다 성실한 사람이면 그만입니다.

2 –으면 몰라도
집이 넓으면 몰라도 동물을 열 마리나 키울 수는 없어요.

3 –으므로
최선을 다했으므로 결과에 상관없이 만족합니다.

1. -으면 그만이다

★ 앞의 내용이 충분하거나 그것으로 완성됨을 나타냄.
It is used to express that the preceding content was sufficient or is completed as itself.

활용 형태

동사 형용사	현재	-(으)면 그만이다
	과거	-았/었/였으면 그만이다
(명사)이다		이면 그만이다

활용 예문

- 아이들은 공부를 잘하는 것보다 건강하게 자라면 그만이지요.
- 다른 사람들이 뭐라고 말하든 나만 깨끗하면 그만입니다.
- 안 만나면 그만이지 더 이상 무슨 말이 필요하겠어요?
- 이 회사의 입사 자격은 외국어만 잘하면 그만입니다.
- 더 이상 문제 삼을 필요 없이 저만 여길 나가면 그만이겠지요.
- 조건 같은 것은 필요 없고 저를 이해하고 배려해 주는 사람이면 그만이에요.

※ '그만이다'로 쓰면 최고로 좋다는 의미이다.
- 이 식당 불고기 맛이 그만이에요.
- 이 식당 불고기 맛이 최고예요.

연습1

1 아이들은 성적이 중요한 것이 아니라 건강하게 (　　　　).

　① 자라면 그만이지요　　　　② 자라기 나름이지요

　③ 자라기에 망정이에요　　　④ 자라는 건 물론이에요

2 가: 모처럼 가는 여행인데 호텔은 좋은 곳으로 정했어요?

　나: 하룻밤 묵을 숙소인데 (　　　) 다른 건 필요 없잖아요.

　① 깨끗하기 십상이지　　　　② 깨끗하기 일쑤이지

　③ 깨끗하기 그지없지　　　　④ 깨끗하면 그만이지

연습2

1 가: 돈이 많지 않아서 선생님께 드릴 선물을 어떻게 할지 고민이에요.

　나: 선물은 정성만 _____ 가격이나 내용이 중요한가요?

2 가: 다른 사람들이 아무리 반대해도 우리 두 사람만 _____.

　나: 두 사람의 생각도 중요하지만 결혼이 그렇게 간단한 일이 아니지요.

3 가: 식당에서 시끄럽게 떠드는 아이들을 그냥 보기만 하는 부모들이 많더라고요.

　나: 다른 사람들은 전혀 신경쓰지 않고 자기들만 _____ 생각을 하는 사람들이 의외로 많은 것 같아요.

4 가: 잘못도 없는데 그런 나쁜 소리를 듣는 것이 속상하지 않아요?

　나: 다른 사람들이 무슨 소리를 하든 저만 _____.

5 가: 어떤 사람과 결혼하고 싶어요?

　나: 다른 것보다 서로의 생각을 존중해 줄 수 있는 _____.

2 -으면 몰라도

★ 앞의 내용을 가정하여 뒤에는 강한 확신을 나타냄.
　It is used to express a strong conviction based on the presumption of the preceding one.

활용 형태

동사 형용사	현재	-(으)면 몰라도
	과거	-았/었/였으면 몰라도
(명사)이다		이면 몰라도

활용 예문

- 지금 바로 가면 몰라도 일 끝나고 가면 표가 없을 텐데요.
- 돈이 하나도 없으면 몰라도 어려운 사람을 그냥 보고 있을 수는 없지요.
- 가방이 가벼우면 몰라도 이렇게 무거워서야 아이가 들기는 어려워요.
- 한가하면 몰라도 요즘처럼 바쁠 때 여행은 꿈도 못 꾸지요.
- 부자이면 몰라도 이렇게 비싼 차를 어떻게 사겠어요?
- 어른이면 몰라도 아직 나이도 어린데 그런 일을 할 수는 없을 거예요.

 ※ 명사에는 '라면 몰라도'의 형태로도 쓴다.
　　• 부자라면 몰라도 이렇게 비싼 차를 어떻게 사겠어요?

연습1

1 장학금을 (   ) 등록금이 너무 올라서 다음 학기는 휴학을 해야 할 것 같아요.

① 받는 바　　　　　　　　② 받는댔자
③ 받는 반면에　　　　　　④ 받으면 몰라도

2 가: 이 보고서를 오늘 안으로 마무리할 수 있겠어요?
나: 다른 일도 많아서 밤을 완전히 (   ) 오늘 안에 마무리는 무리입니다.

① 새우는 마당에　　　　　② 새우는 가운데
③ 새우면 몰라도　　　　　④ 새우면 그만이지

연습2

1 가: 재래시장이 좀 멀긴 하지만 그래도 거기가 싸니까 한번 가 봅시다.
나: 이곳보다 물건 값이 많이 _____ 그 먼 곳까지 갈 필요가 있을까요?

2 가: 요즘 방송하는 아침 드라마가 재미있던데 봤어요?
나: _____ 매일 출근해야 하는 직장인이 아침 드라마를 볼 시간이 어디 있겠어요?

3 가: 한국 사람들은 아이들 생일 파티를 주로 밖에서 하나 봐요?
나: 음식 솜씨가 아주 _____ 손님 초대 음식을 집에서 준비하기는 힘들지요.

4 가: 영수 씨는 차를 왜 안 사요?
나: 월급을 많이 _____ 지금 제 수입으로는 차를 살 수 없어요.

5 가: 내일 비가 온다는데 그래도 여행을 갈 거예요?
나: 오래 전부터 계획한 여행인데 폭우가 _____ 당연히 가야지요.

3 -으므로

★ 이유나 원인을 나타내며 주로 글말이나 공적인 경우에 쓰임.
It expresses a reason or cause and is usually used for written or spoken words or in a public situation.

 활용 형태

동사 형용사	현재	-(으)므로
	과거	-았/었/였으므로
	미래	-겠으므로
(명사)이다		이므로

활용 예문

- 이 약은 부작용이 있을 수 있으므로 설명서를 잘 읽어 보시고 사용하세요.
- 최선을 다했으므로 목표를 이룰 수 있을 거라고 생각합니다.
- 민수 씨는 연구 실적이 뛰어나므로 충분히 상을 받을 자격이 있습니다.
- 실내가 복잡하므로 소지품에 주의하시기 바랍니다.
- 내일은 황사가 나타나겠으므로 노약자는 외출을 하지 않는 것이 좋겠습니다.
- 문제가 쉬운 편이므로 집중해서 잘 풀면 좋은 결과를 얻을 수 있을 거예요.

 ※ 주로 글말이나 공식적인 경우에 많이 쓴다.

연습1

1 밤새 내린 눈이 얼어 거리가 매우 (　　　　) 승용차보다 대중교통을 이용해 주시기 바랍니다.
   ① 미끄러워서야　　　　② 미끄러우므로
   ③ 미끄러운 한편　　　　④ 미끄럽다 못해

2 이제 끝낼 시간이 (　　　　) 모두 마무리를 해 주시기 바랍니다.
   ① 되었으므로　　　　② 되었다시피
   ③ 되었거니와　　　　④ 되었기로서니

연습2

1 오늘 저녁에 신입 사원을 위한 환영 회식이 있을 ＿＿＿＿＿＿＿＿ 직원 여러분들의 많은 참석 바랍니다.

2 백화점 입구에서 개점 기념 특별 사은품을 ＿＿＿＿＿＿＿＿ 고객 여러분들의 많은 성원 부탁드립니다.

3 기상 상태가 좋지 않아서 기체가 흔들릴 수 ＿＿＿＿＿＿＿＿ 좌석 안전벨트를 꼭 착용해 주시기 바랍니다.

4 다양한 요리와 음료가 ＿＿＿＿＿＿＿＿ 천천히 마음껏 즐기시기 바랍니다.

5 여러분 모두 지금까지 최선을 다해서 ＿＿＿＿＿＿＿＿ 좋은 결과가 있을 거라고 믿습니다.

18 휴가는 고사하고 주말에도 못 쉬어요

학습 문법	1. 은 고사하고 2. −은 나머지 3. −을까마는

이렇게 말해요!

가: 일이 너무 밀려서 올 여름에는 **휴가는 고사하고** 주말에도 쉬기 어려울 듯합니다.

나: 건강도 생각하며 일하세요. 영수 씨도 너무 **과로한 나머지** 병원에 입원까지 했다고 하네요.

가: 저는 건강한 편이라 일 하다가 쓰러지는 일이 **있을까마는** 그래도 조심해야겠지요.

나: 건강은 자신하면 안 돼요. 항상 신경을 써야지요.

문법 예문

1 은 고사하고
해외여행은 고사하고 국내 여행도 제대로 하지 못했어요.

2 −은 나머지
어머니는 동생의 합격 소식에 기쁜 나머지 눈물까지 흘리셨어요.

3 −을까마는
이렇게 늦은 시간에 손님이 있을까마는 그래도 가게 문을 열고 있어요.

1 은 고사하고

★ 앞의 내용은 말할 필요도 없이 불가능하며 더 안 좋은 뒤의 경우도 어려움.

It means it is needless to say that the preceding one is impossible and the following one is even more difficult.

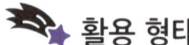 활용 형태

명사	은/는 고사하고

활용 예문

- 자동차 운전은 고사하고 자전거도 탈 줄 모르는 걸요.
- 수석 합격은 고사하고 붙기만 하면 다행이지요.
- 내일이 시험이라서 저녁은 고사하고 점심도 못 먹고 공부하고 있어요.
- 생일 선물은 고사하고 축하 인사도 받지 못했어요.
- 내 집 마련은 고사하고 전세금 올려 줄 돈도 모자라요.
- 결혼은 고사하고 여자 친구도 없어요.

 ※ '-은커녕'과 의미 차이 없이 바꿔 쓸 수 있다.
  • 자동차 운전은커녕 자전거도 탈 줄 몰라요.

연습1

1 물에 빠진 사람을 구해 줬는데 (　　　　　) 오히려 그 사람이 화를 내더라고요.
   ① 인사하는 터라　　　　② 인사하던 차에
   ③ 인사는 고사하고　　　④ 인사에도 불구하고

2 가: 민지 씨는 부모님께 참 잘하는 것 같아요.
   나: 잘하기는요. 요즘은 바쁘다는 핑계로 부모님께 (　　　　　) 전화 연락도 제대로 못 하고 살고 있는 걸요.
   ① 효도일지라도　　　　② 효도는 고사하고
   ③ 효도로 말미암아　　　④ 효도에도 불구하고

연습2

1 가: 이번에도 장학금을 받는 건가요?
   나: 아르바이트를 하느라 _____ 성적이 떨어져서 걱정이에요.

2 가: 점심 식사는 했어요?
   나: 고객 전화 받느라고 _____ 차 한 잔 마실 시간도 없었어요.

3 가: 무슨 화가 나는 일이 있어요?
   나: 영수 씨가 실수를 하고도 _____ 아는 척도 안 하고 그냥 가 버리잖아요.

4 가: 왜 그렇게 기분이 안 좋아요?
   나: 오늘이 결혼기념일인데 남편에게서 축하 _____ 아무 연락도 없어서요.

5 가: 나이가 사십이 넘었는데 _____ 아직 남자 친구도 없으니 제가 한심하기 짝이 없네요.
   나: 요즘은 사회적으로도 결혼 연령이 점점 늦어지고 있는 것 같아요.

2　-은 나머지

★ 앞 문장의 행동이나 상황이 너무 과하여 뒤의 결과가 옴.
　It means the action or situation in the preceding clause is too much that such a result has followed.

활용 형태

동사 형용사	-은/ㄴ 나머지

활용 예문

- 며칠 동안 밤을 새운 나머지 과로로 쓰러지고 말았어요.
- 너무 배가 고픈 나머지 냉장고 안에 있는 음식을 다 먹어 버렸어요.
- 그 사람의 갑작스러운 고백에 당황한 나머지 넘어지고 말았어요.
- 사고 소식에 너무 놀란 나머지 아무 말도 할 수가 없었습니다.
- 새로 나온 카메라가 갖고 싶은 나머지 적금을 깼어요.
- 너무 깊이 잠든 나머지 현관 벨소리도 듣지 못했어요.

※ 주로 부정적인 상황에 쓴다.

연습1

1 오지 않는 사람을 기다리다가 (　　　　　) 나도 모르게 잠이 들고 말았습니다.

　① 지친 나머지　　　　　　　② 지친 셈치고
　③ 지쳤으면 몰라도　　　　　④ 지쳤기에 망정이지

2 가: 영수 씨가 입원했다면서요?
　나: 네, 건강을 돌보지 않고 낮이나 밤이나 일에만 (　　　　　) 병을 얻었대요.
　① 매달려서야　　　　　　　② 매달리는 한
　③ 매달린 나머지　　　　　　④ 매달렸기에 망정이지

연습2

1 가: 친한 친구가 이민을 간다면서요?
　나: 네, 친구가 이민을 간다는 소식을 듣고 너무 ＿＿＿＿＿＿＿＿＿ 울고 말았어요.

2 가: 왜 그렇게 뭘 많이 샀어요?
　나: 백화점 세일이라 물건이 너무 ＿＿＿＿＿＿＿＿＿ 과소비를 하게 되었어요.

3 가: 왜 잠을 못 잤어요?
　나: 저녁을 너무 많이 ＿＿＿＿＿＿＿＿＿ 소화가 안 돼서 밤새 잠을 못 잤어요.

4 가: 밤길을 가다가 뒤에서 자꾸 발자국 소리가 들리는 바람에 ＿＿＿＿＿＿＿＿＿ 정신없이 뛰었습니다.
　나: 많이 놀랐겠네요.

5 가: 새로 산 휴대폰이 왜 고장이 났어요?
　나: 어제 동생과 싸우다가 너무 화가 ＿＿＿＿＿＿＿＿＿ 휴대폰을 던져 버렸어요.

3 -을까마는

★ 앞 내용을 추측하며 인정하지만 뒤에는 그와 반대 또는 강조하는 내용이 옴.
It means the preceding one is presumed and admitted but the opposite or emphasis comes in the following clause.

활용 형태

동사 형용사	현재	-을/ㄹ까마는
	과거	-았/었/였을까마는
(명사)이다		일까마는

활용 예문

- 네가 노력한다고 달라질까마는 마지막으로 한 번만 더 믿어 보겠다.
- 이렇게 먼 곳까지 올 사람이 있을까마는 그래도 조금만 더 기다려 봅시다.
- 어느 누가 돈이 아깝지 않을까마는 그래도 쓸 데는 써야 하지요.
- 그 친구도 내게 싫은 소리 하기 쉬웠을까마는 솔직히 좀 화가 나네요.
- 평소 공부를 잘 하던 사람이 떨어졌을까마는 한번 연락해 봅시다.
- 설마 저런 사람이 우리 학교 선배일까마는 그래도 확인을 해 봐야겠어요.

※ '-으랴마는'과 의미 차이 없이 바꿔 쓸 수 있다.
  • 네가 노력한다고 달라지랴마는 마지막으로 한 번만 더 믿어 보겠다.

연습1

1 남의 일에 발 벗고 나서기가 (　　　　) 그 분은 늘 어려운 사람을 돕고 사시는 훌륭한 분입니다.

① 쉬운지라　　　　　　② 쉬울까마는

③ 쉽기로서니　　　　　④ 쉽다고 해도

2 가: 어떻게 나이도 어린데 이렇게 힘든 일을 했을까요?

나: 어린 아이가 이렇게 힘든 일을 했다는 말이 (　　　　) 맞는지 확인을 해 볼 필요는 있을 것 같아요.

① 사실일까마는　　　　② 사실이어서야

③ 사실인 셈치고　　　　④ 사실이면 몰라도

연습2

1 가: 이번 시험에서 성적이 잘 나올 것 같아요?

나: 공부를 별로 안 했으니 성적이 잘 ＿＿＿＿＿＿ 발표는 잘 했으니까 조금은 기대를 하고 있어요.

2 가: 일찍 퇴근하고 싶지 않아요?

나: 세상에 일찍 퇴근하고 싶지 않은 사람이 ＿＿＿＿＿＿ 하던 일은 마무리 해야지요.

3 가: 이렇게 한다고 잃어버린 개를 찾을 수 있겠어요?

나: 이렇게 해서야 어디 잃어버린 개를 ＿＿＿＿＿＿ 노력은 해 봐야지요.

4 가: 그 사람이 그런 나쁜 짓을 했다는 게 믿어지지 않아요.

나: 정말 착한 사람이었는데 그런 짓을 ＿＿＿＿＿＿ 알아보기는 해야겠지요.

5 가: 늦은 시간인데 열린 약국이 있을까요?

나: 시간이 이렇게 늦었는데 약국을 ＿＿＿＿＿＿ 급하니까 가 봐야겠어요.

19 오후에 비가 올 듯하니 우산을 챙기세요

학습 문법	1. -을 듯하다 2. 을 막론하고 3. 을 무릅쓰고

이렇게 말해요!

가: 학교 앞 분식집 사장님이 많이 아프셔서 가게 문을 **닫을 듯해요**.

나: 정말요? 어려운 학생들을 위해서 맛있는 음식을 싸게 팔고 장학금도 주시던 분이었는데 안타깝네요.

가: **남녀노소를 막론하고** 돈을 싫어하는 사람이 없을 텐데 참으로 훌륭한 분이셨지요.

나: 꼭 건강해지셨으면 좋겠네요. 가족들 **반대를 무릅쓰고** 혼자 사는 노인들이나 집이 없는 노숙자들을 위해 자원봉사도 많이 하셨는데…….

(※자원봉사: 아무런 대가 없이 다른 사람들을 도와 줌.)

문법 예문

1 -을 듯하다

오후에는 비가 올 듯하니 우산을 가지고 가세요.

2 을 막론하고

국적을 막론하고 피자나 햄버거는 다들 좋아하나 봐요.

3 을 무릅쓰고

부모님의 반대를 무릅쓰고 결혼을 했기 때문에 잘 살아야 해요.

1 -을 듯하다

★ 추측의 의미를 나타냄.
It means assumption.

활용 형태

동사 형용사	-을/ㄹ 듯하다
(명사)이다	일 듯하다

활용 예문

- 내일 발표회에 가족은 물론이고 다른 손님들도 많이 올 듯합니다.
- 아침부터 하늘이 흐린 걸 보니 눈이 많이 내릴 듯해요.
- 민수가 지금까지 연락이 없는 걸 보니 오늘은 오지 않을 듯해요.
- 이 방은 두 사람이 쓰기에는 많이 좁을 듯합니다.
- 제가 다른 볼일이 있어서 약속 시간보다 좀 늦을 듯합니다.
- 잠깐 보니까 그 사람은 학생일 듯한데 확실하지는 않아요.

※ '-을 듯 말 듯'의 형태로 써서 어떤 일이 일어나거나 비슷한 상황을 추측할 때 쓴다.
- 비가 올 듯 말 듯해요.
- 영수가 말을 할 듯 말 듯하고 있어요.

연습1

1 영수가 가방을 싸고 있는 걸 보니 내일 (   )해요.
   ① 출발한 바   ② 출발할 듯
   ③ 출발하는지라   ④ 출발하다시피

2 가: 이 옷을 입으면 아주 잘 (   )한데 왜 안 입어요?
   나: 그래요? 저는 안 어울릴 것 같아서요.
   ① 어울릴 듯   ② 어울리기만
   ③ 어울리는 한   ④ 어울리거들랑

연습2

1 가: 조금 있으면 부장님이 _____ 빨리 일을 마무리합시다.
   나: 네, 부장님 들어오시기 전에 일을 끝내는 게 좋겠어요.

2 가: 이런 얘기를 하면 기분이 _____ 괜찮겠어요?
   나: 어떤 얘기든지 괜찮으니까 말씀하세요.

3 가: 저기 있는 사람들이 어려 보이는데 술을 마시고 있어요.
   나: 그렇군요. 여기서 보기에는 아직 _____.

4 가: 눈이 많이 와서 길이 아주 _____ 조심하세요.
   나: 네, 걱정 마세요. 조심해서 갈게요.

5 가: 이 책은 외국인이 읽기에는 좀 _____.
   나: 그럼 좀 쉬운 책으로 소개해 주세요.

2 을 막론하고

★ 이유를 따지거나 가릴 필요가 없음.
It means there is no need to argue or tell the right reason.

활용 형태

명사	을/를 막론하고

활용 예문

- 이번 일은 이유를 막론하고 절대로 용서할 수가 없어요.
- 제주도는 남녀노소를 막론하고 모두가 좋아하는 여행지입니다.
- 어른 아이를 막론하고 함께 즐길 수 있는 놀이공원이 좋겠어요.
- 지위의 높고 낮음을 막론하고 이번 일은 확실하게 처리되어야 합니다.
- 사랑은 동서양을 막론하고 문학이나 예술 작품의 소재가 되고 있습니다.
- 그 가수는 한국인이면 나이가 많고 적음을 막론하고 모두 좋아합니다.

> ※ 유사한 표현으로 '아무 것도 물을 필요가 없이'라는 의미의 '을 불문하고'가 있다.
> - 이번 일은 이유를 불문하고 절대로 용서할 수가 없어요.

연습1

1 떡은 한국인이라면 (   ) 누구나 좋아하는 한국 음식 중의 하나입니다.

　① 남녀노소만 해도　　　　② 남녀노소를 막론하고

　③ 남녀노소이면 몰라도　　④ 남녀노소에도 불구하고

2 가: 요즘 어떤 영화가 재미있을까요?

　나: 이 영화 어때요? 젊은 사람이든 나이든 사람이든 (   ) 누구나 공감할 수 있는 감동적인 영화입니다.

　① 세대에 비하면　　　　② 세대로 말미암아

　③ 세대를 막론하고　　　④ 세대는 고사하고

연습2

1 가: 어떻게 상황이 힘들다고 부모가 자식을 버릴 수가 있는 거죠?

　나: 부모가 자식을 버린다는 것은 어떠한 _____ 절대 있을 수 없는 일이라고 생각해요.

2 가: 요즘 정치하는 사람들을 보면 국민들보다 자기들 이익만 생각하는 것 같아 정말 한심하기 짝이 없어요.

　나: 국민이 뽑은 국회의원이라면 _____ 가장 먼저 생각해야 할 것이 국민의 안전과 행복이 되어야 할 것입니다.

3 가: 여자는 아무리 나이가 들어도 예뻐지고 싶은가 봐요.

　나: 여자라면 당연히 _____ 아름다워지고 싶은 마음이 있겠지요.

4 가: 한국에서 여행지로 추천해 주고 싶은 곳이 어디인가요?

　나: 제주도가 어때요? 제주도는 _____ 모두가 좋아하는 곳입니다.

3 을 무릅쓰고

★ 힘든 상황이나 그런 조건을 이겨냄.
It means to overcome a hard situation or the condition.

 활용 형태

| 명사 | 을/를 무릅쓰고 |

활용 예문

- 그 두 사람은 부모님의 반대를 무릅쓰고 결혼을 했다고 해요.
- 정부는 많은 국민들의 비난을 무릅쓰고 세금 인상을 확정했습니다.
- 소방관들은 화재 현장에서 위험을 무릅쓰고 불 속으로 뛰어 들어갔습니다.
- 그 선수는 신체장애를 무릅쓰고 피나는 노력으로 우승을 차지했습니다.
- 혹독한 추위를 무릅쓰고 등산을 했더니 결국 감기에 걸리고 말았어요.
- 전쟁에 나간 군인들은 죽음을 무릅쓰고 나라를 위해 싸웠습니다.

 ※ 유사 표현으로 '에도 불구하고'가 있다.
  • 그 두 사람은 부모님의 반대에도 불구하고 결혼을 했다고 해요.

연습1

1 많은 국민들의 (　　　　　) 새로운 교육 제도가 시행되었으나 결국 학생들의 부담만 주게 되었다는 평가를 받고 있습니다.
   ① 비난한다면야   ② 비난하느니만큼
   ③ 비난을 무릅쓰고   ④ 비난으로 말미암아

2 영수 씨는 주변 사람들의 (　　　　　) 학교를 휴학하고 창업 준비를 하고 있다고 해요.
   ① 우려를 무릅쓰고   ② 우려하는 바람에
   ③ 우려를 막론하고   ④ 우려하기는 하지만

연습2

1 가: 어제 모임은 즐거웠어요?
   나: 네, 저는 노래를 못하는데 ＿＿＿＿＿＿＿＿＿＿ 사람들 앞에서 노래를 했더니 예상 외로 반응이 좋아서 기분이 좋았어요.

2 가: 이렇게 추운 날에 운동을 했어요?
   나: 그럼요, 영하의 ＿＿＿＿＿＿＿＿＿＿ 자전거를 탔더니 기분이 상쾌해졌어요.

3 가: 가족들의 ＿＿＿＿＿＿＿＿＿＿ 무리하게 주식 투자를 했다가 손해만 보게 되었지 뭐예요.
   나: 주식 투자는 많은 정보를 비교해 보면서 신중하게 해야 해요.

4 가: 이번 기사의 주인공은 누구입니까?
   나: 지진 피해 현장에서 ＿＿＿＿＿＿＿＿＿＿ 사람들을 구조했던 미담의 주인공을 취재했습니다.

20. 지나고 후회한들 무슨 소용이 있어요?

학습 문법	1. –은 채로 2. –은들 3. –을 따름이다

이렇게 말해요!

가: 친구와 말다툼을 했는데 오해를 풀지 **못한 채로** 그 친구가 이민을 가고 말았어요.

나: 진작 화해하지 그랬어요? 지나고 **후회한들** 무슨 소용이 있겠어요?

가: 차일피일 미루다가 이렇게 되고 나니 그저 **안타까울 따름이에요**.

나: 그래서 있을 때 잘하라는 말도 있잖아요.

문법 예문

1 –은 채로

너무 피곤해서 소파에 앉은 채로 잠이 들었어요.

2 –은들

아무리 공부를 열심히 한들 학교에 결석을 자주 하면 졸업할 수 없습니다.

3 –을 따름이다

늘 이렇게 챙겨 주시니 감사할 따름입니다.

1 -은 채로

★ 앞의 행동을 한 그대로 뒤의 상황까지 이어짐.
It means the preceding action continues as it is up to the following situation.

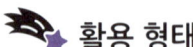 활용 형태

동사	-은/ㄴ 채로

활용 예문

- 급하게 서두르는 바람에 불을 켜 놓은 채로 나온 것 같아요.
- 어제 너무 졸려서 화장을 한 채로 잠을 잤더니 얼굴에 뭐가 났어요.
- 외출 후에 손을 씻지 않은 채로 밥을 먹으면 안 돼요.
- 한국에서는 신발을 신은 채로 방에 들어가면 안 됩니다.
- 친구와 말다툼을 했는데 마음이 상한 채로 유학을 오게 되었어요.
- 아무리 덥다고 해도 옷을 입은 채로 물에 들어가면 안 되지요.

연습1

1. 영수는 뭐가 부끄러운지 고개를 (　　　　) 아무 말도 없이 앉아 있었어요.

    ① 숙이고자　　　　　　② 숙인 채로

    ③ 숙이기는커녕　　　　④ 숙인 나머지

2. 가: 어젯밤에 너무 더워서 선풍기를 켜 놓고 잤더니 감기에 걸렸나 봐요.

    나: 덥다고 선풍기를 (　　　　) 잠이 들면 위험하니까 조심하세요.

    ① 켜 놓다 못해　　　　② 켜 놓을까마는

    ③ 켜 놓은 채로　　　　④ 켜 놓는 셈치고

연습2

1. 가: 아니 왜 신발도 안 신고 나왔어요?

    나: 너무나 반가워서 신발도 신지 ＿＿＿＿＿＿＿＿＿ 뛰어 나왔어요.

2. 가: 수돗물을 틀어 ＿＿＿＿＿＿＿＿＿ 양치질을 하면 물을 너무 낭비하게 돼요.

    나: 아, 자꾸 잊어 버려요. 다음부터 꼭 컵에 물을 받아서 할게요.

3. 가: 옷이 왜 그렇게 엉망이에요?

    나: 너무 피곤해서 코트를 ＿＿＿＿＿＿＿＿＿ 그대로 잠이 들었거든요.

4. 가: 어? 어디 다쳤어요?

    나: 네, 아침 출근길에 지하철에서 ＿＿＿＿＿＿＿＿＿ 졸다가 넘어져서 아픈 것보다 창피해서 죽을 뻔했어요.

5. 가: 어딜 그렇게 급하게 가요?

    나: 집에 나오면서 문을 잠그지 않고 ＿＿＿＿＿＿＿＿＿ 온 것 같아서요.

2 -은들

★ 앞의 상황을 인정하더라도 뒤의 결과에는 영향을 주지 않음.
It means the preceding one is admitted but does not affect the following result.

활용 형태

동사 형용사	-은/ㄴ 들
(명사)이다	인들

활용 예문

- 그 사람이 온들 이 문제를 해결할 수는 없을 거예요.
- 아직 어린 나이인데 빨리 달린들 어른보다 빠르겠어요?
- 성격이 그렇게 안 좋은데 얼굴이 예쁜들 좋아할 사람이 있을까요?
- 세월이 아무리 흐른들 어떻게 그때 일을 잊을 수 있겠어요.
- 돈을 많이 번들 건강을 잃는다면 무슨 소용이 있겠습니까?
- 부모인들 자식의 일에 마음대로 간섭할 수는 없지요.

※ '-다고 하더라도'와 의미 차이 없이 바꿔 쓸 수 있다.
- 그 사람이 온다고 하더라도 이 문제를 해결할 수는 없을 거예요.

연습1

1 세상이 (　　　　) 부모님이 자식을 생각하는 마음보다 넓을 수는 없습니다.

① 넓되　　　　　　　　② 넓은들
③ 넓은 가운데　　　　　④ 넓은 반면에

2 가: 그 배우는 잘생기고 인기도 많은데 자기밖에 몰라서 주변 사람들을 힘들게 한대요.
　　나: 다른 사람에 대한 배려심도 없고 자기만 안다면 외모가 아무리 (　　　　) 환영 받지 못할 거예요.

① 뛰어난들　　　　　　② 뛰어난지라
③ 뛰어나다면야　　　　④ 뛰어나거니와

연습2

1 가: 이번에 월급이 올랐다면서요? 이제 저축도 좀 할 수 있겠네요.
　　나: 물가는 더 크게 오르는데 월급이 ＿＿＿＿＿＿＿＿ 돈을 모을 수 있겠어요?

2 가: 그렇게 속상해 하지 말고 가서 그 사람을 잡아 봐요.
　　나: 그 사람을 아무리 ＿＿＿＿＿＿＿＿ 이미 떠난 마음이 다시 돌아오겠어요?

3 가: 그렇게 학식을 갖춘 분이 어떻게 자기의 이익만 생각하는지 모르겠어요.
　　나: 자신의 이익만을 위한 행동을 한다면 학식을 ＿＿＿＿＿＿＿＿ 뭐하겠어요?

4 가: 김 사장은 가족도 하나 없이 혼자 살고 있다면서요?
　　나: 네, 아무리 돈이 ＿＿＿＿＿＿＿＿ 주변에 아무도 없다면 행복할 수 있을까요?

5 가: 유명한 의사를 찾아가면 이 병을 고칠 수 있지 않을까요?
　　나: 아무리 훌륭한 ＿＿＿＿＿＿＿＿ 모두가 포기한 병을 고치기는 힘들 거예요.

3 -을 따름이다

★ 어떤 행동이나 상황이 그것밖에 다른 것은 없음.
　It means there no other thing but a certain action or situation.

활용 형태

동사 형용사	현재	-을/ㄹ 따름이다
	과거	-았/었/였을 따름이다
(명사)이다	일 따름이다	

활용 예문

- 다른 사람들이 다 비난을 해도 저는 그 사람을 믿을 따름입니다.
- 저의 실수에 대해 제대로 사과도 못 드린 것 같아 죄송할 따름이에요.
- 앞으로 어떻게 살아야 할지 그저 막막할 따름이에요.
- 늙으신 부모님을 생각하면 마음이 아플 따름입니다.
- 친구가 먹어도 된다고 해서 먹었을 따름입니다.
- 모두가 자신이 선택한 것에 대한 대가일 따름입니다.

※ '-을 뿐이다'와 의미 차이 없이 바꿔 쓸 수 있다.
　• 앞으로 어떻게 살아야 할지 막막할 뿐입니다.

연습1

1. 불의의 사고로 세상을 떠난 사람들을 생각하면 너무나 슬프고 (　　　).
   ① 안타까울 듯하다　　② 안타깝기 망정이다
   ③ 안타깝기 나름이다　　④ 안타까울 따름이다

2. 가: 어려운 이웃을 도와 주신 보답으로 이 상을 드립니다.
   나: 당연히 제가 해야 할 일을 한 것뿐인데 이런 상까지 주시니 (　　　).
   ① 부끄러운 판입니다　　② 부끄럽게 마련입니다
   ③ 부끄러울 따름입니다　　④ 부끄럽기 십상입니다

연습2

1. 가: 초대해 줘서 고마워요.
   나: 일도 바쁠 텐데 이렇게 시간을 내어 와 주니 _____.

2. 가: 이번에 장학금을 받게 되었다면서요? 축하해요.
   나: 생각보다 좋은 결과가 나와서 _____.

3. 가: 김영수 씨가 사고로 의식을 잃어버렸다고 하네요.
   나: 저도 들었어요. 건강하던 사람이 하루아침에 식물인간이 되다니 인생이 참 _____.

4. 가: 가격을 잘 알아보지도 않고 그렇게 많이 샀어요?
   나: 시장이 가장 싸다고 해서 _____.

5. 가: 졸업하고 나서 선생님께 연락은 자주 하세요?
   나: 아니요. 자주 연락도 못 드리고 있어서 _____.

21 재미없는 영화를 볼 바에야 그냥 쉴래요

학습 문법	1. -을 바에야 2. -을 법하다 3. -을 여지가 없다

이렇게 말해요!

가: 동아리에서 여행을 간다는데 아무 것도 없는 산골 오지로 간대요.

나: 그런 곳으로 **갈 바에야** 저는 안 가는 게 낫겠어요. 너무 불편할 것 같아요.

가: 복잡한 도시 생활을 하다가 한 번쯤 조용한 시골에서 지내 보면 꽤 **재미있을 법한데** 가 보지 그래요?

나: 전체 의견으로 정해진 거니까 **바뀔 여지가 없겠지요**?

(※오지: 도시나 해안에서 멀리 떨어진 대륙 내부의 땅.)

문법 예문

1 -을 바에야
이렇게 맛이 없는 음식을 먹을 바에야 굶는 게 나아요.

2 -을 법하다
이만큼 정성을 다했으면 친구가 용서를 해 줄 법한데 아직 그대로예요.

3 -을 여지가 없다
그 일에 대해서는 더 이상 생각할 여지가 없어요.

1 -을 바에야

★ 최선의 선택은 아니지만 앞 내용보다는 뒤를 선택함.
It means to choose the latter one rather than the former one even though it is not the best choice.

 활용 형태

동사	-을/ㄹ 바에야

활용 예문

- 사랑하지 않는 사람과 결혼할 바에야 혼자 살겠어요.
- 재미도 없는 영화를 볼 바에야 그냥 집에서 잠이나 잘래요.
- 남의 도움을 받을 바에야 그냥 부족한 대로 살겠어요.
- 마음에 안 드는 사람을 만날 바에야 혼자 노는 게 더 낫지.
- 아르바이트까지 하면서 힘들게 공부할 바에야 휴학하는 게 좋겠어요.
- 그런 말을 들을 바에야 제가 하고 싶은 대로 하겠습니다.

 ※ '-을 바에'의 형태로도 쓰며 '-는'이나 '-야'를 붙이면 의미를 더욱 강조하게 된다.
 • 사랑하지 않는 사람과 결혼할 바에는 혼자 살겠어요.

연습1

1 하다가 도중에 (　　　　) 처음부터 시작하지 않는 게 좋아요.

   ① 포기하는 통에　　　　　② 포기하던 차에

   ③ 포기할 바에야　　　　　④ 포기하면 몰라도

2 가: 여기가 가장 싼 편이니까 그냥 결정할까요?

   나: 모처럼 온 여행인데 이렇게 춥고 냄새 나는 곳에서 (　　　　) 좀 비싸더라도 좋은 곳으로 가요.

   ① 묵거들랑　　　　　　　② 묵을 바에야

   ③ 묵는 건 고사하고　　　　④ 묵는 건 차치하고

연습2

1 가: 이 소설책 읽어 볼래요?

   나: 아니요, 지루하기만 한 소설책을 _____ 게임이나 하겠어요.

2 가: 신뢰가 없는 사람이긴 하지만 그래도 한번 믿어 보는 게 어때요?

   나: 늘 거짓말만 하는 사람의 말을 _____ 지나가는 강아지를 믿겠어요.

3 가: 제가 차비라도 빌려 드릴까요?

   나: 아니요, 아무리 돈이 없어도 남에게 _____ 그냥 걸어서 갈래요.

4 가: 더 늦으면 아버지한테 혼나니까 나 먼저 들어갈게.

   나: 이미 늦었는데 지금 가서 _____ 좀 더 놀다 들어가자.

5 가: 좋아하지도 않는 사람을 _____ 혼자 지내는 게 좋아요.

   나: 그래도 만나 보면 좋아지지 않을까요?

2 -을 법하다

★ 어떤 상황이나 행동이 그럴 만하다고 생각함.
It means a certain situation or action is reasonable.

활용 형태

동사	-을 법하다
	-았/었/였을 법하다

활용 예문

- 이 정도면 여자 친구가 좋아할 법한데 왜 싫다고 했을까요?
- 그렇게 맑은 얼굴로 거짓말을 하고 있으면 사람들이 믿을 법도 하네요.
- 일을 잘 마무리했으니 칭찬을 받을 법한데 아무 말도 없으니 답답해요.
- 충분히 일어날 법한 일인데 왜 화를 내고 그러세요?
- 이 정도로 사과를 했으면 그 친구도 화를 풀 법한데 별다른 말이 없어요.
- 처음에는 믿지 않았는데 선생님 말씀을 듣고 나니 그랬을 법하네요.

※ '-을 것 같다', '-을 듯하다'와 유사하게 쓸 수 있다.
- 이 정도면 여자 친구가 좋아할 것 같은데 왜 싫다고 했을까요?
- 이 정도면 여자 친구가 좋아할 듯한데 왜 싫다고 했을까요?

연습1

1 아침부터 구름이 많고 잔뜩 흐린 걸 보니 금방이라도 눈이 (   ).
   ① 쏟아질 법하네요   ② 쏟아지는 판이네요
   ③ 쏟아지기 일쑤네요   ④ 쏟아질 따름이네요

2 가: 그 사람은 부자라서 주변의 어려운 사람들을 (   ) 전혀 그러지 않는
       걸 보면 꽤 구두쇠인가 봐요.
   나: 부자라고 돈이 아깝지 않은 사람이 있겠어요?
   ① 도와 주는 터라   ② 도와 준다 치고
   ③ 도와 줄 바에야   ④ 도와 줄 법한데

연습2

1 가: 영수는 잘생긴 데다가 성격도 좋아서 여자들에게 인기가 ＿＿＿＿＿＿
       왜 아직 여자 친구가 없을까요?
   나: 글쎄요. 뭔가 이유가 있겠지요.

2 가: 진수가 사람들 앞에서 그렇게 창피를 당했으니 수치심을 ＿＿＿＿＿＿
       아무렇지 않게 행동하는 걸 보니 대단하네요.
   나: 그러게요. 걱정을 했는데 안심이 됩니다.

3 가: 올해는 월급이 좀 오를까요?
   나: 올해 판매 실적도 좋고 회사 상황도 좋아져서 월급이 ＿＿＿＿＿＿ 아무
       소식이 없어요.

4 가: 명절이라 사람들이 많이 고향으로 내려가서 시내가 ＿＿＿＿＿＿ 여전히
       복잡하네요.
   나: 명절에도 쉬지 못하는 사람들이 많은가 봐요.

3 -을 여지가 없다

★ 어떤 일을 생각하거나 행동을 할 가능성이 없음.
It means there is no possibility of thinking about a certain thing or behaving in a certain way.

 활용 형태

동사	-을/ㄹ 여지가 없다

활용 예문

- 그 일은 이미 끝난 일이므로 다시 논의할 여지가 없다고 생각해요.
- 아무리 생각해도 이건 다시 생각해 볼 여지가 없는 것 같습니다.
- 그것은 확실히 제 실수이기 때문에 변명할 여지가 없습니다.
- 두 사람의 말다툼에 제가 끼어들 여지가 없었어요.
- 이제 충분히 알았으니까 더 들을 여지가 없겠어요.
- 이미 몇 번이나 확인을 했으므로 다시 검토할 여지가 없습니다.

 ※ '-을 필요가 없다'로 의미 차이 없이 바꿔 쓸 수 있다.
  • 이제 충분히 알았으니까 더 들을 필요가 없겠어요.

연습1

1 이번에 회사에서 지급하는 명절 선물은 정해져 있기 때문에 각자의 취향대로 (　　　　).

　① 고르기 마련입니다　　　　② 고르기 십상입니다
　③ 고를 턱이 없습니다　　　　④ 고를 여지가 없습니다

2 전체의 의견을 모아서 결정한 사실이므로 다시 (　　　　).

　① 논의할 법하다　　　　② 논의할 지경이다
　③ 논의하기 나름이다　　　　④ 논의할 여지가 없다

연습2

1 가: 잘못될 수도 있으니까 다시 한 번 확인해 볼까요?
　나: 몇 번이나 확인을 거쳤고 최종 점검까지 마쳤으므로 ＿＿＿＿＿＿＿＿.

2 가: 그 사람이 이번 사건의 범인이 아닐까요?
　나: 그 사람은 그날 어디에서 무엇을 했는지 밝혀졌으므로 ＿＿＿＿＿＿＿＿.

3 가: 이번 시험 성적은 잘 나올 것 같아요?
　나: 공부를 별로 안 했기 때문에 좋은 성적이 ＿＿＿＿＿＿＿＿.

4 가: 무슨 변명이라도 좀 해 보세요.
　나: 모든 것이 다 알려진 마당에 더 이상 그 일에 대해 ＿＿＿＿＿＿＿＿.

5 가: 정말 민수가 책임을 져야 할지 다시 한 번 생각해 보시면 어떨까요?
　나: 이번 일은 민수의 실수가 분명하므로 다시 ＿＿＿＿＿＿＿＿.

22 공부만 할라치면 잠이 와요

학습 문법	1. -을 지경이다 2. -을 턱이 없다 3. -을라치면

이렇게 말해요!

가: 시험공부 많이 했어요? 저는 공부를 하려고 해도 책만 펴면 졸음이 쏟아져서 **죽을 지경이에요**.

나: 그럴 때는 밖에 나가 가벼운 운동을 해 보세요. 무조건 책상에 앉아 있다고 해서 공부가 **잘 될 턱이 없잖아요**.

가: 공부 좀 **할라치면** 바로 졸린 게 아마도 습관 같아요.

나: 책만 펴면 졸음이 온다는 사람들도 있긴 해요.

문법 예문

1 -을 지경이다
너무 많이 걸었더니 다리가 아파 죽을 지경이에요.

2 -을 턱이 없다
그렇게 공부를 안 하는데 좋은 성적을 받을 턱이 있을까요?

3 -을라치면
일을 하다가 잠깐 쉴라치면 전화가 와서 쉴 틈이 없어요.

1 -을 지경이다

★ 어떠한 형편이나 정도를 나타냄.
　It shows a certain circumstance or degree.

활용 형태

동사 형용사	-을/ㄹ 지경이다

활용 예문

- 위층에서 아이들이 너무 시끄럽게 뛰어서 살기가 어려울 지경입니다.
- 아이들이 질문을 많이 해서 밥도 못 먹을 지경이에요.
- 허리가 너무 아파서 가만히 서 있기도 힘들 지경이에요.
- 아침부터 굶었더니 돌이라도 먹고 싶을 지경입니다.
- 옆 자리에 앉은 사람이 큰 소리로 통화를 오래 해서 미칠 지경입니다.
- 잠시 쉴 틈도 없이 일을 하다 보니까 쓰러질 지경입니다.

※ '-을 정도'와 바꿔 쓸 수 있지만 '-을 지경'이 더욱 강조의 느낌을 준다.
　• 아이들이 질문을 많이 해서 밥도 못 먹을 정도예요. (보통)
　• 아이들이 질문을 많이 해서 밥도 못 먹을 지경이에요. (강조)

연습1

1 이번 달에 책을 여러 권 샀더니 용돈이 바닥나서 점심도 (　　　　).

　① 굶기 나름이에요　　　　② 굶을 지경이에요

　③ 굶을 따름이에요　　　　④ 굶을 리가 없어요

2 김 선생님이 고생하신 이야기를 듣다 보니 너무 안타까워 눈물이 (　　　　).

　① 날 지경이에요　　　　② 날 걸 그랬어요

　③ 날 리가 없어요　　　　④ 날 여지가 없어요

연습2

1 가: 아직까지 식사도 못할 정도로 바빴던 거예요?

　나: 아침부터 밀려드는 손님 때문에 지금까지 아무 것도 먹지 못했더니 배가 고파 _____.

2 가: 우리 택시를 타고 갈까요?

　나: 아니요, 가까우니까 걸어가면 어때요? 친구 선물을 사는 바람에 돈을 다 써 버려서 차비도 _____.

3 가: 등산은 잘 다녀왔어요?

　나: 네, 그런데 등산을 하다가 땀이 나서 계곡물의 얼음을 깨고 세수를 했는데 너무 차가워서 손이 _____.

4 가: 아직도 일이 안 끝났어요?

　나: 아직 해야 할 일이 산더미인데 일손이 부족해서 지금 상황에서는 아이들 손이라도 _____.

2　-을 턱이 없다

★ 그래야 할 이유나 까닭이 없음.
It means there is no reason to do such a thing.

활용 형태

동사 형용사	현재	-을 턱이 없다
	과거	-았/었/였을 턱이 없다

활용 예문

- 그렇게 착한 사람이 나쁜 행동을 할 턱이 없어요.
- 영수는 집에 부자인데 남에게 돈을 빌릴 턱이 없잖아요.
- 이번에도 취업에 실패했는데 기분이 좋을 턱이 있겠어요?
- 몇 달 동안 하루도 못 쉬고 일을 했으니 안 아플 턱이 없지요.
- 영수 씨는 고기를 정말 좋아하는데 회식에 빠질 턱이 없습니다.
- 그토록 싫어했던 사람과 결혼을 했을 턱이 없어요.

 ※ '-을 리가 없다'와 의미 차이 없이 바꿔 쓸 수 있다.
　　• 그렇게 착한 사람이 나쁜 행동을 할 리가 없어요.

연습1

1 재료도 별로 없고 시간도 부족해서 대충 만들었으니 음식이 (　　　　).

① 맛있게 마련이에요　　② 맛있는 모양이에요

③ 맛있을 지경이에요　　④ 맛있을 턱이 없어요

2 가: 수정 씨가 성형 수술을 했다는 말이 맞아요?

나: 아닐 거예요, 수정 씨 어렸을 때 사진을 보니까 인형처럼 예쁘던데 얼굴을 (　　　　).

① 고쳤을 법해요　　② 고칠 따름이에요

③ 고쳤을 턱이 없어요　　④ 고칠 수밖에 없었어요

연습2

1 가: 내일이 영희 생일인데 알고 있어요?

나: 그럼요. 영희가 자기 생일을 몇 달 전부터 노래 부르듯이 말을 하고 다녔는데 그걸 ＿＿＿＿＿＿＿＿＿＿?

2 가: 김 대리가 벌써 퇴근을 했어요?

나: 이상한데요. 조금 전까지만 해도 일 때문에 정신이 없다고 했는데 벌써 퇴근을 ＿＿＿＿＿＿＿＿＿＿.

3 가: 민수가 이번에 좋은 성적을 받았다고 하던데요.

나: 그럴 리가요. 민수는 늘 결석이나 지각을 하고 공부도 안 하는 것 같던데 성적이 ＿＿＿＿＿＿＿＿＿＿.

4 가: 모두 알고 있는 사실인데 그걸 몰랐어요?

나: 아무도 가르쳐 주지 않았는데 제가 그걸 ＿＿＿＿＿＿＿＿＿＿?

3 -을라치면

★ 과거에 경험한 사실을 조건으로 어떤 일을 하려고 할 때마다 뒤의 상황이 일어남.
It means the following situation happens when a certain thing is about to be done based on the experience in the past.

 활용 형태

| 동사 | -을/ㄹ라치면 |

 활용 예문

- 제가 공부를 할라치면 꼭 동생이 방해를 해요.
- 저는 어렸을 때부터 소풍을 갈라치면 꼭 비가 오곤 했어요.
- 퇴근을 할라치면 꼭 상사가 심부름을 시켜요.
- 밥을 좀 먹을라치면 손님이 와서 늘 굶기 일쑤예요.
- 저는 요리를 할라치면 꼭 손을 다쳐요.
- 겨우 아기를 재우고 저도 좀 쉴라치면 금방 아기가 깨서 울어요.

Notice! ※ '-으려고 하면'과 의미 차이 없이 바꿔 쓸 수 있다.
- 제가 공부를 하려고 하면 꼭 동생이 방해를 해요.

연습1

1 모처럼 쉬는 날이라 집에서 좀 (　　　　) 친구들이 연락을 해서 같이 놀자고 불러내요.

① 쉴수록 ② 쉴라치면
③ 쉬기는커녕 ④ 쉬느니만큼

2 가: 이번 휴가 때는 여행을 떠나는 거예요?
   나: 그랬으면 좋겠어요. 그동안 이상하게 꼭 여행을 (　　　　) 일이 생겼거든요.

① 떠나고자 ② 떠나므로
③ 떠날라치면 ④ 떠난답시고

연습2

1 가: 요즘은 퇴근을 일찍 해요?
   나: 일찍 하기는요. 일을 정리하고 퇴근을 ＿＿＿＿＿ 늘 새로운 일거리가 생겨서 일찍 퇴근을 한 적이 별로 없어요.

2 가: 기숙사 생활은 어때요?
   나: 같이 사는 친구 때문에 힘들어요. 기숙사에서 조용히 책을 좀 ＿＿＿＿＿ 음악을 크게 틀거나 노래를 부르거든요.

3 가: 이번에는 그 연극을 꼭 보세요.
   나: 예매를 꼭 해야겠어요. 그 연극만 ＿＿＿＿＿ 꼭 매진이 되어 못 봤거든요.

4 가: 휴일에는 좀 쉬었어요?
   나: 아니요, 잠을 좀 ＿＿＿＿＿ 아이들이 놀자고 해서 더 힘들었어요.

5 가: 아직도 식사를 안 했어요?
   나: 네, 밥을 ＿＿＿＿＿ 전화가 오는 바람에 못 먹었어요.

23 오래 전의 일이라 기억이 날락 말락 해요

학습 문법	1. －을락 말락 하다 2. －을망정 3. －을세라

이렇게 말해요!

가: 빵이 사 놓은 지 며칠 돼서 **상할락 말락** 하는데 먹어도 괜찮을까요?

나: 먹지 마세요. 그냥 **버릴망정** 상한 빵을 먹으면 안 되지요.

가: 유학까지 와서 건강을 잃어버리면 안 되겠지요? 제가 조금이라도 **아플세라** 정성으로 키워 주신 부모님을 생각하면요.

나: 맞아요. 우리 맛있는 거 먹으러 나가요.

문법 예문

1 －을락 말락 하다
거리가 너무 멀어서 그 사람 얼굴이 보일락 말락 하네요.

2 －을망정
오늘 밤을 새울망정 지금은 좀 쉬었다 해야겠어요.

3 －을세라
손자가 넘어질세라 할머니는 걱정스런 눈으로 지켜보고 계십니다.

1 -을락 말락 하다

★ 어떤 일이 거의 일어나려고 하거나 그것과 가까운 정도.
　It means something is almost about to happen or close to it.

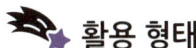 활용 형태

동사	-을/ㄹ락 말락 하다

활용 예문

- 잠이 들락 말락 하고 있는데 갑자기 전화벨이 울렸어요.
- 강아지가 먹이를 먹을락 말락 하는 걸 보니 배가 안 고픈가 봐요.
- 옆에 앉은 사람들이 들릴락 말락 하는 작은 소리로 이야기를 하고 있어요.
- 나비가 꽃에 앉아 있는데 손에 잡힐락 말락 해요.
- 너무 오래 전의 일이라 기억이 날락 말락 하네요.
- 주위가 시끄러워서 자던 아이가 깰락 말락 하고 있어요.

 ※ '-을 듯 말 듯하다'와 의미 차이 없이 바꿔 쓸 수 있다.
　　• 잠이 들 듯 말듯하고 있는데 갑자기 전화벨이 울렸어요.

연습1

1 초등학교 동창을 거리에서 우연히 만났는데 이름이 (　　　　) 당황스러웠어요.

　① 기억나던 차에　　　　　　② 기억나는 가운데

　③ 기억날락 말락 해서　　　　④ 기억날 여지가 없어서

2 가: 바다에 오니까 가슴이 시원해지고 참 좋네요.

　나: 저 멀리 수평선에 작은 배 한 척이 (　　　　) 풍경이 정말 아름다워요.

　① 보이는 한　　　　　　　　② 보이는 듯이

　③ 보는 둥 마는 둥　　　　　 ④ 보일락 말락 하는

연습2

1 가: 왜 수영을 안 해요?

　나: 제가 아주 어렸을 때 물에 빠져 ＿＿＿＿＿＿＿ 하다가 겨우 살아난 적이 있어서 물만 보면 무서워요.

2 가: 그렇게 시계만 보면서 ＿＿＿＿＿＿＿ 망설이다가 약속 시간에 늦겠어요.

　나: 별로 가고 싶지 않은 자리라서 고민 중이에요.

3 가: 영수 씨는 키가 너무 커서 버스를 타면 천정에 머리가 ＿＿＿＿＿＿＿ 해서 불편하다고 해요.

　나: 저는 키가 조금만 컸으면 좋겠는데 정말 세상은 불공평한 것 같아요.

4 가: 저기 카페 안에 있는 사람이 수지 씨 맞지요?

　나: 창문에 커튼이 쳐져 있어서 안에 있는 사람 얼굴이 ＿＿＿＿＿＿＿ 잘 안 보여요.

2 -을망정

★ 앞의 상황을 인정하지만 뒤에는 그것에 상관하지 않음을 나타냄.
It means the preceding one is admitted but it is not really a matter.

활용 형태

동사 형용사	현재	-을/ㄹ망정
	과거	-았/었/였을망정
(명사)이다		일망정

활용 예문

- 제가 시골에 살망정 도시 생활이 어떤지는 알고 있어요.
- 밥을 굶을망정 너에게 아쉬운 소리를 하지는 않겠어.
- 일이 많아서 조금 늦을망정 꼭 갈 테니까 기다려 주세요.
- 제가 아플망정 자식이 아픈 것은 참을 수 없는 게 부모 마음이에요.
- 학교 다닐 때 공부는 잘 못했을망정 친구들에게 인기가 아주 많았어요.
- 매일 놀기만 하고 말도 잘 안 듣는 자식일망정 아픈 것보다는 나아요.

 ※ 유사 표현으로 '-더라도'를 쓸 수 있다.
- 제가 시골에 살더라도 도시 생활이 어떤지는 알고 있어요.

연습1

1 우리가 지금은 어쩔 수 없이 (   ) 이것이 마지막이라고 생각하지 않아요.
   ① 헤어질망정   ② 헤어지거들랑
   ③ 헤어지리만치   ④ 헤어지기는커녕

2 가: 제가 솜씨가 부족해서 요리를 잘 만들지 (   ) 꼭 제 손으로 대접해
       드리고 싶었으니까 맛이 없더라도 많이 드세요.
   나: 정말 고마워요. 잘 먹을게요.
   ① 못하므로   ② 못할망정
   ③ 못하느니만큼   ④ 못하기로서니

연습2

1 비록 부족하고 못난 ＿＿＿＿＿＿＿＿＿＿ 제 자식들에게는 밝고 건강한 사회를 만들어 주고 싶습니다.

2 이번 일이 뜻대로 잘 되지 않아서 ＿＿＿＿＿＿＿＿＿＿ 여기에서 중단하고 포기할 수는 없지 않겠어요?

3 나보다 어려운 사람들을 도와 주지는 ＿＿＿＿＿＿＿＿＿＿ 더 고통스럽게 해서는 안 된다고 생각합니다.

4 제가 능력이 없어서 지금은 이렇게 초라하게 ＿＿＿＿＿＿＿＿＿＿ 열심히 노력하면 앞으로의 미래는 행복이 가득할 것이라고 믿습니다.

5 우리 회사가 지금은 작은 ＿＿＿＿＿＿＿＿＿＿ 모든 직원들이 한 마음으로 최선을 다하면 좋은 결과를 만들어 낼 수 있을 것입니다.

3 -을세라

★ 혹시 앞의 상황이 일어날까 봐 걱정하여 뒤의 행동을 함.
It means an action follows because you are worried that the situation in the preceding clause could happen.

활용 형태

동사	현재	-을/ㄹ세라
	과거	-았/었/였을세라

활용 예문

- 동생은 다른 사람들이 피자를 다 먹을세라 빠르게 한 판을 다 먹어 버렸어요.
- 혹시 옆 사람이 들을세라 아주 작은 목소리로 얘기를 했어요.
- 감기에 걸릴세라 옷을 너무 많이 입고 나왔더니 땀이 나네요.
- 백화점에 사람이 너무 많아서 지갑을 잃어버릴세라 조심했어요.
- 회의가 끝났을세라 식사를 대충 하고 왔더니 배가 고프네요.
- 친구가 먼저 나왔을세라 부지런히 달려왔는데 아직 안 왔어요.

※ '-을까 봐'와 의미 차이 없이 바꿔 쓸 수 있다.
- 혹시 옆 사람이 들을까 봐 아주 작은 목소리로 얘기를 했어요.

연습1

1. 어머니는 아기가 잠에서 (　　　　) 조용히 말씀을 하셨어요.
   ① 깨고자　　　　　　　② 깰세라
   ③ 깰망정　　　　　　　④ 깨므로

2. 요즘 부모들은 혹시 자기 아이가 경쟁에서 (　　　　　) 여러 학원에 보내는 경우가 많아서 교육비가 아주 많이 들어간다고 합니다.
   ① 뒤쳐질세라　　　　　② 뒤쳐지거들랑
   ③ 뒤쳐지기는커녕　　　④ 뒤쳐지기로서니

연습2

1. 늦잠을 자는 바람에 학교에 _____ 얼마나 뛰었는지 지금 숨이 차서 말을 할 수가 없어요.

2. 저는 형제가 많은 집에서 자라서 밥 먹을 때 다른 사람이 먼저 _____ 늘 서둘러 먹는 습관이 있어요.

3. 어제 등산을 갔는데 바위에서 _____ 너무 신경을 쓰고 걸었더니 온 몸이 안 아픈 곳이 없어요.

4. 제가 조금이라도 _____ 정성을 다해 키워 주신 부모님의 은혜에 보답하기 위해서 열심히 살아야지요.

5. 시장에 아이를 데리고 갔다가 혹시 _____ 손을 꼭 잡고 다녔어요.

24 걸어서 갈지언정 돈을 빌리지 않겠어요

학습 문법	1. -을지라도 2. -을지언정 3. -을진대

이렇게 말해요!

가: 이번 직장은 월급이 좀 **적을지라도** 일찍 끝나는 것에 만족하고 있어요. 전에 일하던 곳은 매일 야근에다 주말도 없을 정도로 일이 많았거든요.

나: 아무리 돈을 많이 **벌지언정** 건강을 해치면 의미가 없어요.

가: 네, 맞아요. 한 번 사는 **인생일진대** 돈이 최고는 아니지요.

나: 건강하게 즐기며 행복하게 사는 것이 정답이라고 생각해요.

문법 예문

1 -을지라도
산이 아무리 높을지라도 하늘 아래에 있습니다.

2 -을지언정
제가 지금 오해를 받을지언정 언젠가는 사람들이 알아 줄 거라고 믿어요.

3 -을진대
아무리 좋은 약도 부작용이 있을진대 미리 신경을 쓰지 못했어요.

1 -을지라도

★ 앞의 내용을 가정하더라도 뒤에는 기대와는 다른 결과가 오게 됨.
It means the following result is different from your assumed expectation.

활용 형태

동사 형용사	현재	-을/ㄹ지라도
	과거	-았/었/였을지라도
(명사)이다		일지라도

활용 예문

- 내일 비가 많이 올지라도 행사는 예정대로 진행될 것입니다.
- 세상이 우리를 속일지라도 슬퍼하거나 화를 내지 맙시다.
- 외모가 아무리 빼어날지도 성격이 좋지 않으면 누가 좋아하겠습니까?
- 그 선수는 키가 작을지라도 실력이 뛰어나서 다른 선수들에게 뒤지지 않아요.
- 지금은 가난할지라도 희망을 가지고 노력을 하다 보면 좋은 날이 올 거예요.
- 아무리 훌륭한 의사일지라도 불치병을 낫게 할 수는 없을 거예요.

※ '-을지언정'과 의미 차이 없이 바꿔 쓸 수 있다.
- 내일 비가 많이 올지언정 행사는 예정대로 진행될 것입니다.

연습1

1 사고 현장이 아무리 (　　　　　　) 지금 사람들을 구하지 않으면 엄청난 인명 피해가 발생하게 될 것입니다.

① 위험하거니와　　　　② 위험할지라도
③ 위험한 가운데　　　　④ 위험한 까닭에

2 가: 지금 식사를 못 하면 굶어야 할 거예요.
　 나: 지금 해야 할 일이 산더미라 식사를 (　　　　　　) 오늘 안에 끝내야 해요.

① 거를지라도　　　　② 거른답시고
③ 거르기로서니　　　④ 거르기는커녕

연습2

1 가: 우리 이제 헤어지면 언제 만날 수 있을까요?
　 나: 우리가 지금은 비록 함께 할 수 _____ 반드시 만나게 될 거예요.

2 가: 저 배우는 예전에 정말 인기도 많고 잘 나갔었는데 안타깝네요.
　 나: 예전에 아무리 잘 _____ 나이가 들면 어쩔 수 없는 거지요.

3 가: 식구도 많은데 집이 좁아서 생활하기 불편해요.
　 나: 집이 아무리 _____ 가족 모두 건강하고 화목하게 살면 되는 거예요.

4 가: 이 일은 어린 나이에 하기가 좀 힘들 텐데 할 수 있겠어요?
　 나: 제가 나이는 _____ 그 정도의 일은 할 수 있습니다.

5 가: 대기업 회장이 병으로 세상을 떠났네요. 돈이 그렇게 많은데…….
　 나: 아무리 돈이 많은 _____ 늙으면 죽는 것은 누구나 똑같지요.

2 -을지언정

★ 앞의 내용을 가정하거나 인정하여 뒤의 대조적인 상황을 강조함.
It means you assume or admit the preceding clause to emphasize the following contrasting situation.

활용 형태

동사 형용사	현재	-을/ㄹ지언정
	과거	-았/었/였을지언정
(명사)이다		일지언정

활용 예문

- 실패할지언정 절대 포기하지 않고 몇 번이든 다시 도전할 생각입니다.
- 제가 지금 시골에 살지언정 도시 생활이 싫다는 것은 아닙니다.
- 일이 바쁠지언정 식사는 거르지 말고 꼭 챙겨 드세요.
- 수업에 늦을지언정 결석을 하는 것보다는 나으니까 꼭 나오세요.
- 이번에 실수를 했을지언정 다음에 같은 실수를 반복하지 않으면 됩니다.
- 아무리 아이일지언정 그 정도의 판단을 할 수 있다고 생각합니다.

※ '-을지라도'와 의미 차이 없이 바꿔 쓸 수 있다.
  • 일이 바쁠지라도 식사는 거르지 말고 꼭 챙겨 드세요.

연습1

1 우리 팀이 이번 경기에서 (　　　　　　　) 정정당당하게 최선을 다했으므로 후회는 없습니다.
   ① 패배했댔자   ② 패배했다시피
   ③ 패배했을지언정   ④ 패배했으리만치

2 가: 왜 대기업이 아닌 작은 회사를 선택했어요?
   나: 대기업보다 월급은 (　　　　　　　) 자신의 능력을 발휘할 수 있는 기회가 많은 중소기업이 더 낫다고 생각하거든요.
   ① 적을수록   ② 적을세라
   ③ 적을까마는   ④ 적을지언정

연습2

1 가: 그녀에게 고백을 했다가 거절당했다고요?
   나: 네, 비록 거절을 _____ 그동안 용기가 없어 못 했던 말을 다 했기 때문에 속이 시원해요.

2 가: 그렇게 열심히 했는데 이번에도 사람들이 몰라 주니 속상하겠어요.
   나: 괜찮아요. 지금은 인정을 못 _____ 제가 포기하지 않는다면 언젠가는 사람들이 인정을 해 줄 날이 올 거라고 믿습니다.

3 가: 그렇게 힘든데 한 학기 정도 휴학을 하지 그래요?
   나: 아르바이트를 하면서 힘들게 _____ 졸업이 한 학기 남았는데 휴학을 할 수는 없지요.

4 가: 여러 사람이 함께 방을 쓰면 불편하지 않아요?
   나: 여러 사람이 함께 방을 쓰니까 좀 _____ 따로 방을 얻어 자취하는 것보다는 생활비가 덜 드니까요.

3 -을진대

★ 앞의 내용을 인정하면서 그것이 뒤의 내용에 대한 근거나 이유가 됨.

It means the preceding clause is admitted and it becomes a ground or reason for the following one.

활용 형태

동사 형용사	현재	-을/ㄹ진대
	과거	-았/었/였을진대
(명사)이다		일진대

활용 예문

- 오늘 아내 생일이라 기다리고 있을진대 일이 늦어져서 마음이 무겁네요.
- 동물도 자식을 챙기는 게 당연할진대 인간이 어찌 자식을 버릴 수가 있어요?
- 지켜보는 우리 마음도 이렇게 아플진대 피해자들은 얼마나 힘들까요?
- 시험 문제가 이렇게 쉬울진대 어떻게 이런 성적이 나왔는지 이해가 안 돼요.
- 그 사람도 자기 집에서는 귀하게 자랐을진대 너무 고생을 하네요.
- 저도 사람일진대 부모를 생각하는 마음이 어찌 없을 수 있겠습니까?

연습1

1 부자이건 가난한 사람이건 모두 같은 (　　　　) 돈이 없다는 이유로 차별을 받아서는 안 될 것입니다.

① 인간일세라　　　　② 인간일진대
③ 인간일지언정　　　④ 인간일지라도

2 가: 1회용 그릇을 사용하는 것이 더 위생적이지 않을까요?
　 나: 지구 환경을 지키기 위해 모두 힘을 모아도 (　　　　) 1회용품을 너무 많이 쓰고 있는 것 같아 큰일이에요.

① 모자랄진대　　　　② 모자라는 듯이
③ 모자란 나머지　　　④ 모자랄 바에야

연습2

1 가: 대충해도 될 텐데 뭘 그렇게 열심히 해요?
　 나: 많은 사람들이 저를 믿고 _____ 일을 대충 하면 안 되지요.

2 가: 영수 씨가 교통사고를 당해서 입원해 있는데 많이 아픈 것 같아요.
　 나: 사소한 상처도 _____ 그런 큰 부상을 당했으니 얼마나 아프겠어요?

3 가: 유명 연예인이 또 자살을 했다고 해요.
　 나: 생명은 _____ 어찌 사람의 목숨을 스스로 버리는 건지 안타깝네요.

4 가: 그 직원은 자기 실수는 인정하지 않고 그냥 사표를 내고 나갔다면서요?
　 나: 자신의 잘못을 솔직하게 인정하고 사과를 했다면 _____ 정말 한심한 사람이더군요.

5 가: 김 선생님은 늘 다른 사람들을 위해 봉사활동을 하신다면서요?
　 나: 네, 누구나 자신이 더 _____ 정말 존경스러워요.

25 안 입는 옷을 버리자니 좀 아깝네요

학습 문법	1. 으로 미루어 2. －음에 따라(서) 3. －자니

이렇게 말해요!

가: 아까 회의 **분위기로 미루어** 보면 이번 야유회 장소는 바다 쪽으로 결정될 것이 분명하지요? 저는 산으로 갔으면 좋겠는데요.

나: 아마도 그럴 것 같아요. 다수가 **찬성함에 따라** 마음에 들지 않아도 따라야 하지 않을까요?

가: 고민이에요. **참석하자니** 수영도 못해서 재미없을 것 같고 **안 가자니** 상사의 눈치가 보이고요.

나: 수영을 안 하더라도 시원한 바다를 보면 즐거울 것 같은데요.

문법 예문

1 으로 미루어
이 결과로 미루어 이번 계획은 아주 성공적이라고 볼 수 있습니다.

2 －음에 따라(서)
동생이 먼저 결혼을 함에 따라 저는 혼자 방을 쓰게 되었어요.

3 －자니
안 입는 옷을 버리자니 아까운 생각이 들어 망설이고 있어요.

1 으로 미루어

★ 이미 알고 있는 사실을 근거로 다른 것을 판단함.
It means another one is judged based on the truth that is already known.

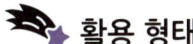 활용 형태

명사	(으)로 미루어

활용 예문

- 편지의 내용으로 미루어 볼 때 그 사람의 마음은 이미 떠난 것 같습니다.
- 이 상황으로 미루어 짐작할 때 심각한 사태임을 알 수 있습니다.
- 친구의 표정으로 미루어 이번에도 시험에 떨어진 것 같아요.
- 이 사실로 미루어 생각해 보면 그 사람의 잘못은 아닌 것 같아요.
- 이번 성과로 미루어 보면 모든 직원들이 얼마나 고생을 했는지 알 수 있어요.
- 수업 태도로 미루어 영수는 모범생이 맞는 것 같습니다.

※ '으로 미루어'의 뒤에 보통 '짐작하다, 추측하다, 생각하다' 등을 함께 쓴다.
- 친구의 표정으로 미루어 생각해 보면 이번에도 시험에 떨어진 것 같아요.
- 수업 태도로 미루어 짐작해 볼 때 영수는 모범생이 맞는 것 같습니다.

연습1

1. 건강 검진의 (　　　　) 환자가 평소에 어떤 식생활을 했는지 짐작할 수 있습니다.
    ① 결과인 까닭에　　　　② 결과로 하여금
    ③ 결과로 미루어　　　　④ 결과는 고사하고

2. 회사의 올해 영업 (　　　　) 이번 명절의 상여금 지급은 어려울 것으로 판단됩니다.
    ① 실적이면 몰라도　　　② 실적으로 미루어
    ③ 실적을 무릅쓰고　　　④ 실적에도 불구하고

연습2

1. 오늘의 ＿＿＿＿＿＿＿ 내일 체육대회는 아무래도 어려울 것 같은데요.

2. 그 나라의 경제 ＿＿＿＿＿＿＿ 판단하자면 이번 외환위기를 극복하기에 다소 무리가 있다는 전망이 나오고 있습니다.

3. 늘 우수한 성적을 유지했던 그 학생의 평소 ＿＿＿＿＿＿＿ 이번 시험 결과는 도저히 이해가 가지 않네요.

4. 두 사람의 악화된 ＿＿＿＿＿＿＿ 볼 때 아무래도 다시 화해를 하고 관계를 개선하기는 어려울 것 같습니다.

5. 민수 씨의 ＿＿＿＿＿＿＿ 보면 사람들 앞에서 받은 그런 모욕감은 참을 수 없었을 거라고 생각해요.

2 -음에 따라(서)

★ 앞 내용에 바탕을 두거나 그런 입장이 되어 뒤의 상황이 이어짐.
It means a situation follows based on or in the position of the preceding clause.

 활용 형태

동사 형용사	현재	-음/ㅁ에 따라
	과거	-았/었/였음에 따라
(명사)이다		에 따라

활용 예문

- 교통 요금이 인상됨에 따라 다른 물가도 함께 오르고 있습니다.
- 선배들이 경기에 참가함에 따라 후배들도 응원 준비에 열심입니다.
- 여름이 다가옴에 따라 백화점이나 시장에서 물놀이 용품 판매가 늘고 있습니다.
- 명절 연휴라 많은 사람들이 고향으로 내려감에 따라 도심 교통이 한산합니다.
- 결혼 날짜가 잡힘에 따라 여러 가지 준비로 정신이 없습니다.
- 설악산은 계절에 따라 각기 다른 풍경을 보여 줍니다.

 ※ 보통 글말에 많이 쓴다.

연습1

1. 의학이 (　　　　) 평균 수명이 점점 늘어나 노인 인구가 지속적으로 증가하고 있습니다.
   ① 발달함에 따라　　　　② 발달하는 셈치고
   ③ 발달하는 반면에　　　④ 발달하는 한이 있더라도

2. 집값의 하락 현상이 (　　　　) 집을 사거나 팔려고 하는 사람이 없어 부동산 시장이 좀처럼 살아나지 않고 있습니다.
   ① 이어지거니와　　　　② 이어지다시피
   ③ 이어짐에 따라　　　　④ 이어질 바에야

연습2

1. 작년보다 물가가 대폭 _____ 식비나 교통비와 같은 생활비도 절약을 해야 합니다.

2. 출산율이 점점 _____ 경제 활동 인구도 줄어들고 있기 때문에 국가 경쟁력 약화가 우려되는 상황입니다.

3. 도시와 농촌의 소득 격차가 점점 _____ 인구의 도시 집중화 현상이 더욱 심화되고 있습니다.

4. 국제 유가가 _____ 국내 휘발유 값도 인하되어야 할 것입니다.

5. 더운 날씨가 _____ 에어컨 판매량이 급속도로 증가하고 있습니다.

3 -자니

★ 앞의 내용에 있어서 고민하거나 망설임을 나타냄.
It shows concern or hesitation about the preceding clause.

활용 형태

동사	-자니

활용 예문

- 유학을 가자니 돈이 없고 취직을 하자니 공부가 하고 싶어 고민입니다.
- 남자 친구와 성격이 안 맞아서 헤어지자니 정이 들어 쉽지 않아요.
- 택시를 타자니 막힐 것 같고 지하철을 타자니 갈아타야 해서 불편하네요.
- 방학 때 여행을 가자니 돈이 모자라고 그냥 집에서 쉬자니 좀 아쉬워요.
- 공부를 하자니 잠이 오고 잠자리에 들자니 내일 시험이 걱정이 돼요.
- 살을 빼야 하는데 안 먹자니 배가 고프고 먹자니 살이 찌고 고민이에요.

※ '-으려고 하니'의 형태로 쓸 수 있다.
- 남자 친구와 성격이 안 맞아서 헤어지려고 하니 정이 들어 쉽지 않아요.

연습1

1 밤에 혼자 집에 (　　　　) 무서운 생각이 들어서 불도 환하게 켜고 텔레비전 소리도 크게 틀어 놓았어요.

　① 있고자　　　　　　② 있자니
　③ 있을망정　　　　　④ 있으련마는

2 가: 왜 그렇게 물건들을 쌓아놓고 있어요?
　 나: 오랫동안 안 쓰던 물건을 (　　　　) 어딘가 쓸 데가 있지 않을까 싶어서 망설이고 있어요.

　① 처분하자니　　　　② 처분할수록
　③ 처분했으므로　　　④ 처분한다면야

연습2

1 가: 요즘 회사에서 스트레스를 많이 받아서 ＿＿＿＿＿＿ 다시 취업하기도 힘들 것 같고 계속 다니자니 건강을 해칠 것 같아 걱정이에요.
　 나: 취업이 힘든 건 사실이지만 그래도 건강이 중요하잖아요.

2 가: 올해 휴가는 어디로 떠나요?
　 나: 물가가 너무 올라서 휴가를 ＿＿＿＿＿＿ 돈이 많이 들 것 같고 해서 고민하고 있어요.

3 가: 오늘 모임이 있다면서 아직 안 갔어요?
　 나: 예전부터 사이가 안 좋았던 친구도 온다고 하는데 ＿＿＿＿＿＿ 불편할 것 같고 그렇다고 안 갈 수도 없고 해서 망설여지네요.

4 가: 미정 씨는 취미가 뭐예요?
　 나: 제 취미는 여러 나라의 인형을 수집하는 것인데 비싼 인형을 ＿＿＿＿＿＿ 돈이 너무 많이 들어서 어려움이 많아요.

중급

01 맵기는 하지만 맛있어요

1 -기는 하지만

연습1

1 ③
2 ④

연습2

1 떡볶이가 맵기는 하지만
2 휴대폰으로 보기는 하지만
3 주스를 마셔도 되기는 하지만
4 스키를 타기는 하지만
5 한국 노래를 알기는 하지만

2 -는 데다가

연습1

1 ④
2 ③

연습2

1 좋은 데다가
2 재미있는 데다가
3 훌륭한 데다가
4 많은 데다가
5 편리한 데다가

3 -고자

연습1

1 ③
2 ④

연습2

1 사고자
2 빼고자
3 보호하고자
4 모으고자
5 살고자

02 아직 일이 남았거든요

1 -거든요

연습1

1 ①
2 ②

연습2

1 됐거든요
2 봤거든요
3 가야 하거든요
4 먹었거든요
5 싸거든요

2 -도록 하다

연습1

1 ②
2 ④

연습2

1 하도록 하세요
2 알리도록 하세요
3 주의하도록 하세요
4 없도록 하겠습니다
5 가도록 하겠습니다

3 -을 테니까

연습1

1 ③
2 ①

연습2

1. 추울 테니까
2. 건강에 나쁠 테니까
3. 나을 테니까
4. 지킬 테니까
5. 보낼 테니까

03 연극을 봤는데 재미있더라고요

1 -더라고요

연습1

1. ②
2. ③

연습2

1. 많더라고요
2. 복잡하더라고요
3. 막히더라고요
4. 좋더라고요
5. 어렵더라고요

2 -을 걸 그랬어요

연습1

1. ④
2. ③

연습2

1. 아껴 쓸 걸 그랬어요
2. 신을 걸 그랬어요
3. 할 걸 그랬어요
4. 잘 걸 그랬어요
5. 말 걸 그랬어요

3 -을 만하다

연습1

1. ②
2. ①

연습2

1. 볼 만해요
2. 먹을 만했어요
3. 들을 만하거든요
4. 믿을 만해요
5. 만들 만해요

04 수진 씨가 아프다고 해요

1 -는다고 하다

연습1

1. ②
2. ④

연습2

1. 회사원이라고 해요
   한국 회사에 다닌다고 해요
   회사 생활이 정말 재미있다고 해요
2. 공부했다고 해요
   볼 거라고 해요
3. 다녀왔다고 해요
   갈 거라고 해요

2 -냐고 하다

연습1

1. ③
2. ①

연습2

1. 언제 시험이 있냐고 했어요
2. 주말에 뭐 할 거냐고 했어요
3. 어느 나라 사람이냐고 했어요
4. 무슨 선물을 살 거냐고 했어요
5. 어디가 아파서 왔냐고 했어요

3 －으라고 하다

연습1

1 ②
2 ①

연습2

1 밥을 먹고 30분 후에 약을 먹으라고 했어요
2 비가 오니까 우산을 가지고 가라고 했어요
3 회의 준비를 열심히 하라고 했어요
4 내일까지 쓰기 숙제를 제출하라고 했어요
5 다음 주 동아리 모임에 꼭 나오라고 했어요

4 －자고 하다

연습1

1 ②
2 ③

연습2

1 쇼핑하자고
2 나가자고
3 만나자고
4 보지 말자고
5 하자고

2 －을 정도

연습1

1 ②
2 ③

연습2

1 날 정도였어요
2 다 먹을 정도로
3 기다릴 정도로
4 날아갈 정도로
5 오해할 정도로/생각할 정도로

3 －는 대로

연습1

1 ③
2 ①

연습2

1 확인하는 대로
2 받는 대로
3 가르쳐 주신 대로
4 생각한 대로
5 읽는 대로

05 성격이 활발한 편이에요

1 －는 편이다

연습1

1 ①
2 ④

연습2

1 오는 편이에요
2 출근하는 편이에요
3 큰 편이에요
4 먼 편이에요
5 보는 편이에요

06 약속 시간에 늦을까 봐 택시를 탔어요

1 －을까 봐

연습1

1 ③
2 ②

연습2

1 못 찾을까 봐
2 올까 봐
3 없을까 봐
4 배고플까 봐
5 쓰러질까 봐

2 만 해도

연습1

1 ③
2 ④

연습2

1 10년 전만 해도
2 왔을 때만 해도
3 근처만 해도
4 어릴 때만 해도
5 주변만 해도

3 -을 뻔하다

연습1

1 ②
2 ③

연습2

1 날 뻔했어요
2 지나칠 뻔했어요
3 날아갈 뻔했어요
4 부딪힐 뻔했어요
5 넘어질 뻔했어요

2 -느라고

연습1

1 ①
2 ②

연습2

1 하느라고
2 노느라고
3 돕느라고/도와주느라고
4 오느라고
5 사느라고

3 -을 텐데

연습1

1 ①
2 ②

연습2

1 없을 텐데/다 팔렸을 텐데
2 안 할 텐데/쉴 텐데
3 많을 텐데
4 닫을 텐데/닫았을 텐데
5 위험할 텐데

07 일을 하고 오느라고 늦었어요

1 -잖아요

연습1

1 ②
2 ①

연습2

1 막히잖아요
2 졸립잖아요
3 좋아하잖아요
4 좋잖아요
5 말했잖아요

08 공부할수록 재미있어요

1 -기는요

연습1

1 ②
2 ①

연습2

1 먹기는요
2 좋기는요
3 아프기는요
4 받기는요
5 훌륭하기는요

2 –어야지요

연습1
1. ②
2. ①

연습2
1. 살아야지요
2. 끊어야지요
3. 탔어야지요
4. 했어야지요
5. 마셨어야지요

3 –을수록

연습1
1. ②
2. ①

연습2
1. 갈수록/흐를수록
2. 내릴수록/올수록
3. 알수록
4. 볼수록
5. 먹을수록

2 –었다 하면

연습1
1. ②
2. ④

연습2
1. 먹었다 하면
2. 섰다 하면
3. 시작했다 하면
4. 잤다 하면
5. 했다 하면

3 –어 버리다

연습1
1. ③
2. ④

연습2
1. 던져 버렸어요
2. 써 버리는
3. 사 버렸어요
4. 끝내 버렸어요
5. 망가뜨려 버렸어요

09 노래방에 가서 자주 부르곤 했어요

1 –곤 하다

연습1
1. ③
2. ①

연습2
1. 마시곤 해요
2. 타곤 해요
3. 새우곤 했어요
4. 놀곤 했어요
5. 걷곤 해요

10 어머니가 가족들을 깨우셨어요

1 –이/히/리/기/우/추–(사동)

연습1
1. ②
2. ②

연습2
1. 먹여요
2. 더럽혀요
3. 울려요
4. 남겼어요
5. 깨웠어요

2　-게 하다

연습1

1　②
2　③

연습2

1　엄마가 저에게 아침마다 우유를 마시게 했어요
2　선생님이 교실에서 떠들지 못하게 하셨어요
3　의사가 환자에게 규칙적인 운동을 하게 했어요
4　아내가 남편에게 청소기를 돌리게 했어요
5　친구가 나를 기다리게 했어요

3　-게 마련이다

연습1

1　④
2　④

연습2

1　생기게 마련이에요
2　후회하기 마련이에요
3　약해지게 마련이에요
4　질리게 마련이에요
5　변하게 마련이에요

2　-었을 텐데

연습1

1　②
2　③

연습2

1　갔을 텐데
2　힘들었을 텐데
3　먹었을 텐데
4　갔을 텐데
5　잡았을 텐데

3　-더라도

연습1

1　①
2　③

연습2

1　늦더라도
2　작더라도
3　하더라도
4　오더라도
5　가더라도

11　집에 가니까 문이 열려 있었어요

1　-이/히/리/기-(피동)

연습1

1　③
2　②

연습2

1　보이니까
2　막히네요
3　팔려요
4　열릴
5　닫혀 있어요

12　지금 쉬려던 참이었어요

1　-자마자

연습1

1　④
2　②

연습2

1　나오자마자
2　도착하자마자
3　졸업하자마자
4　내리자마자
5　먹자마자

2 -으려다가

연습1

1. ④
2. ②

연습2

1. 쓰려다가
2. 보려다가
3. 먹으려다가
4. 가려다가
5. 나가려다가

3 -으려던 참이다

연습1

1. ④
2. ④

연습2

1. 하려던 참이었어요
2. 가려던 참이었어요
3. 굶으려던 참이었어요
4. 입으려던 참이에요
5. 마시려던 참이었어요

2 -다가는

연습1

1. ③
2. ②

연습2

1. 부르다가는
2. 마시다가는
3. 자다가는
4. 먹다가는
5. 하다가는

3 -고 말다

연습1

1. ③
2. ④

연습2

1. 잊고 말았어요
2. 울고 말았어요
3. 지우고 말았어요
4. 내리고 말았어요
5. 넘어지고 말았어요

13 무리하다가는 건강을 해치고 말 거예요

1 -다 보니(까)

연습1

1. ③
2. ④

연습2

1. 살다 보니(까)
2. 하다 보니(까)
3. 달리다 보니(까)
4. 듣다 보니(까)
5. 먹다 보니(까)

14 지금 가 봤자 늦어서 안 돼요

1 -는다면서요?

연습1

1. ①
2. ②

연습2

1. 다쳤다면서요
2. 들어갔다면서요
3. 간다면서요
4. 배운다면서요
5. 만났다면서요

2　-을 수밖에 없다

연습1
1　④
2　③

연습2
1　떨어질 수밖에 없어요
2　없을 수밖에 없어요
3　시끄러울 수밖에 없어요
4　그만둘 수밖에 없어요
5　닫을 수밖에 없었어요

3　-어 봤자

연습1
1　④
2　②

연습2
1　해 봤자
2　가 봤자
3　만들어 봤자
4　뛰어 봤자
5　사과해 봤자

15　아침에는 맑더니 갑자기 비가 와요

1　-더니

연습1
1　③
2　①

연습2
1　작더니
2　나오더니
3　먹더니
4　만나더니
5　하더니

2　-다면

연습1
1　④
2　③

연습2
1　알았다면
2　된다면
3　않았다면
4　만난다면
5　재미있었다면

3　-기보다는

연습1
1　③
2　④

연습2
1　먹기보다는
2　쓰기보다는
3　쉬기보다는
4　듣기보다는
5　보기보다는

16　다른 사람에게 주든지 하는 게 어때요

1　-을 겸

연습1
1　②
2　①

연습2
1　할 겸
2　볼 겸
3　살 겸
4　구경할 겸
5　만날 겸

2 –든 –든

연습1

1 ②
2 ①

연습2

1 오든지 안 오든지
2 잘 추든 못 추든
3 무겁든 가볍든
4 한식이든지 일식이든지
5 바다든지 산이든지

3 –더라면

연습1

1 ④
2 ③

연습2

1 주셨더라면
2 했더라면
3 지켰더라면
4 탔더라면
5 갔더라면

2 –었더니

연습1

1 ③
2 ②

연습2

1 먹었더니
2 새웠더니
3 만들었더니
4 줄였더니
5 했더니

3 –나 보다

연습1

1 ③
2 ②

연습2

1 아픈가 봐요
2 읽었나 봐요
3 맛있나 봐요
4 잃어버렸나 봐요
5 받았나 봐요

17 싫은 소리를 했더니 화가 났나 봐요

1 –던데요

연습1

1 ③
2 ④

연습2

1 가던데요
2 어렵던데요
3 활발하던데요
4 아름답던데요
5 신나던데요

18 늦잠을 자는 바람에 좀 늦었어요

1 –는 바람에

연습1

1 ②
2 ④

연습2

1 멈추는 바람에
2 보는 바람에
3 잃어버리는 바람에
4 마시는 바람에
5 쓰는 바람에

2 -는 대신(에)

연습1
1 ②
2 ③

연습2
1 청소를 하는 대신에
2 타는 대신에
3 보는 대신에
4 선물 대신에
5 취업 대신에

3 -기만 하다

연습1
1 ④
2 ④

연습2
1 있기만 했는데요
2 자기만 했어요
3 하기만 하면 돼요
4 읽기만 하세요
5 놀기만 했어요

2 -을 리가 없다

연습1
1 ③
2 ④

연습2
1 안 올 리가 없어요
2 싫어할 리가 없어요
3 잊어버릴 리가 없어요
4 떨어질 리가 없어요
5 가짜일 리가 없어요

3 -는 만큼

연습1
1 ③
2 ④

연습2
1 먹는 만큼
2 없을 만큼
3 찾아올 만큼
4 볼 만큼
5 아플 만큼

19 칭찬을 받는 만큼 더 잘해야 해요

1 -을 뿐(만) 아니라

연습1
1 ③
2 ④

연습2
1 좋을 뿐만 아니라
2 훌륭할 뿐만 아니라
3 내릴 뿐만 아니라
4 탔을 뿐만 아니라
5 뛰어날 뿐만 아니라

20 인사를 하기는커녕 못 본 척했어요

1 -기는커녕

연습1
1 ③
2 ②

연습2
1 크기는커녕
2 알기는커녕
3 먹기는커녕
4 사귀기는커녕
5 받기는커녕

2 -는 척하다

연습1
1 ④
2 ③

연습2
1 바쁜 척했어요
2 있는 척했어요
3 모른 척하고
4 팬인 척했어요
5 아픈 척했어요

3 -기는 해도

연습1
1 ④
2 ③

연습2
1 비싸기는 해도
2 편하기는 해도
3 빠르기는 해도
4 먹기는 해도
5 멀기는 해도

고급

01 시장에 가거들랑 과일 좀 사다 주세요

1 -거들랑

연습1
1 ②
2 ①

연습2
1 힘들거들랑
2 다했거들랑
3 보이거들랑
4 가거들랑
5 하거들랑

2 -건 -건

연습1
1 ③
2 ②

연습2
1 하건 안 하건
2 먹건 안 먹건
3 알건 모르건
4 있건 없건
5 많건 적건

3 -거니와

연습1
1 ①
2 ②

연습2
1 중요하거니와
2 아름답거니와
3 계속하거니와
4 맞거니와
5 좋거니와

02 사고가 나기 십상이에요

1 -기 그지없다

연습1
1 ③
2 ④

연습2

1. 아름답기 그지없네요
2. 죄송하기 그지없는
3. 속상하기 그지없어요
4. 한심하기 그지없어요
5. 기쁘기 그지없습니다

2   -기 십상이다

연습1

1. ④
2. ③

연습2

1. 실수하기 십상이에요
2. 쓰기 십상이에요
3. 걸리기 십상이에요
4. 실패하기 십상이에요
5. 넘어지기 십상이에요

3   -기 나름이다

연습1

1. ①
2. ④

연습2

1. 생각하기 나름
2. 사용하기 나름입니다
3. 행동하기 나름이지요
4. 가르치기 나름입니다
5. 일하기 나름입니다

03   매일 지각하기 일쑤예요

1   -기 일쑤이다

연습1

1. ②
2. ①

연습2

1. 새우기 일쑤예요
2. 잃어버리기 일쑤예요
3. 하기 일쑤예요
4. 먹어 버리기 일쑤예요
5. 싸우기 일쑤예요

2   -기 짝이 없다

연습1

1. ④
2. ④

연습2

1. 부끄럽기 짝이 없어요
2. 안타깝기 짝이 없어요
3. 우습기 짝이 없어요
4. 한심하기 짝이 없어요
5. 속상하기 짝이 없어요

3   -기로서니

연습1

1. ②
2. ③

연습2

1. 중요하기로서니
2. 좋아하기로서니
3. 잘하기로서니
4. 소중하기로서니
5. 많기로서니

04   알아보고 왔기 망정이지 바가지를 쓸 뻔 했어요

1   -기(에) 망정이지

연습1

1. ④
2. ②

연습2

1. 있었기 망정이지
2. 했기 망정이지
3. 놓쳤기 망정이지
4. 없었기 망정이지
5. 치웠기 망정이지

2 -느니

연습1

1. ②
2. ①

연습2

1. 사느니
2. 하느니
3. 만나느니
4. 졸이느니
5. 먹느니

3 -느니만큼

연습1

1. ②
2. ③

연습2

1. 영화이니만큼
2. 예쁘니만큼
3. 비싸니만큼
4. 했으니만큼
5. 시작했으니만큼

05 모두 지켜보는 가운데 발표회가 열렸어요

1 -는 가운데

연습1

1. ④
2. ①

연습2

1. 내리는 가운데
2. 지켜보는 가운데
3. 즐기는 가운데
4. 보내는 가운데
5. 바쁘신 가운데

2 -는 건 차치하고

연습1

1. ④
2. ③

연습2

1. 효도는 차치하고
2. 먹는 건 차치하고
3. 사는 건 차치하고
4. 가는 건 차치하고
5. 실력은 차치하고

3 -는 까닭에

연습1

1. ④
2. ③

연습2

1. 고픈 까닭에
2. 먼 까닭에
3. 하는 까닭에
4. 먹은 까닭에
5. 시작한 까닭에

06 아이를 위한답시고 너무 예의 없이 키워요

1 -는답시고

연습1

1. ②
2. ④

연습2

1. 해 준답시고
2. 잘한답시고
3. 다닌답시고
4. 입는답시고
5. 위한답시고

2 —는다(고) 치고

연습1

1. ③
2. ②

연습2

1. 없다 치고
2. 받았다 치고
3. 했다 치고
4. 맞다 치고
5. 없었다 치고

3 —는다면야

연습1

1. ④
2. ④

연습2

1. 한다면야
2. 먹는다면야
3. 있다면야
4. 해 주신다면야
5. 모은다면야

07 자는 둥 마는 둥 했더니 피곤해요

1 —는댔자

연습1

1. ②
2. ①

연습2

1. 이긴댔자
2. 팔린댔자
3. 뛴댔자
4. 바쁘댔자
5. 사신댔자

2 —는 둥 마는 둥

연습1

1. ④
2. ④

연습2

1. 먹는 둥 마는 둥
2. 듣는 둥 마는 둥
3. 드리는 둥 마는 둥
4. 하는 둥 마는 둥
5. 입는 둥 마는 둥

3 —는 듯이

연습1

1. ②
2. ①

연습2

1. 내리는 듯이
2. 어려운 듯이
3. 잡힐 듯이
4. 죽은 듯이
5. 삼킬 듯이

08 종일 굶은 마당에 맛없는 게 있겠어요?

1 —는 마당에

연습1

1. ②
2. ③

연습2

1. 급한 마당에
2. 입은 마당에
3. 부족한 마당에
4. 끝난 마당에
5. 희생된 마당에

2 ―는 물론이고

연습1

1. ④
2. ③

연습2

1. 아이는 물론이고
2. 한국어는 물론이고
3. 국내는 물론이고
4. 가구는 물론이고
5. 일은 물론이고

3 ―는 바

연습1

1. ①
2. ②

연습2

1. 느끼는 바
2. 생각한 바를
3. 전하는 바
4. 다짐하는 바
5. 말씀하신 바

09 속는 셈치고 한번 드셔 보세요

1 ―는 반면에

연습1

1. ③
2. ④

연습2

1. 편리한 반면에
2. 있는 반면에
3. 많은 반면에
4. 좋아진 반면에
5. 시작된 반면에

2 ―는지라

연습1

1. ①
2. ②

연습2

1. 먹은지라
2. 모여있는지라
3. 슬픈지라
4. 든지라
5. 생일인지라

3 ―는 셈치고

연습1

1. ③
2. ④

연습2

1. 안 들은 셈치고
2. 한 셈치고
3. 잃어버린 셈치고
4. 속는 셈치고
5. 먹은 셈치고

10 성격이 급한 탓에 실수를 많이 하는 편이에요

1 ―는 탓에

연습1

1. ①
2. ②

연습2

1. 불편한 탓에
2. 비싼 탓에
3. 큰 탓에
4. 몰린 탓에
5. 불황인 탓에

2 –는 터라

연습1

1. ②
2. ③

연습2

1. 먹은 터라
2. 훌륭한 터라
3. 밀린 터라
4. 아픈 터라
5. 뛰어난 터라

3 –는 통에

연습1

1. ③
2. ①

연습2

1. 떠드는 통에
2. 하는 통에
3. 나오는 통에
4. 내는 통에
5. 보는 통에

11 포기하지 않는 한 방법이 있을 거예요

1 –는 판이다

연습1

1. ①
2. ②

연습2

1. 굶을 판에
2. 떨어지는 판에
3. 악화된 판에
4. 새울 판에
5. 좁을 판에

2 –는 한

연습1

1. ①
2. ③

연습2

1. 낭비하는 한
2. 포기하지 않는 한
3. 안 낳는 한
4. 다니는 한
5. 계속하는 한

3 –는 한이 있더라도

연습1

1. ④
2. ④

연습2

1. 걸어가는 한이 있더라도
2. 쓰러지는 한이 있더라도
3. 반대하는 한이 있더라도
4. 먹는 한이 있더라도
5. 굶은 한이 있더라도

12 피자 두 판을 다 먹다시피 했어요

1 –는 한편

연습1

1. ②
2. ③

연습2

1 하는 한편
2 보내는 한편
3 개최하는 한편
4 마련하는 한편
5 지급하는 한편

2　-다 못해

연습1

1 ②
2 ③

연습2

1 듣다 못해
2 답답하다 못해
3 아프다 못해
4 견디다 못해
5 아름답다 못해

3　-다시피

연습1

1 ②
2 ④

연습2

1 가다시피
2 살다시피
3 보시다시피
4 졸다시피
5 먹다시피

13　1인분만 먹어서야 배가 부르겠어요?

1　-던 차에

연습1

1 ④
2 ③

연습2

1 먹으려던 차에
2 고민하던 차에
3 찾던 차에
4 망설이던 차에
5 끝내려던 차에

2　-되

연습1

1 ①
2 ②

연습2

1 시작하되
2 말하되
3 만들되
4 하되
5 놀되

3　-어서야

연습1

1 ②
2 ①

연습2

1 처리해서야
2 나빠서야
3 팔아서야
4 없어서야
5 놀아서야

14　부모님 반대에도 불구하고 유학을 왔어요

1　에도 불구하고

연습1

1 ④
2 ④

연습2

1. 반대에도 불구하고
2. 장애에도 불구하고
3. 했음에도 불구하고
4. 비난에도 불구하고
5. 발전에도 불구하고

2 -으랴 -으랴

연습1

1. ①
2. ②

연습2

1. 공부하랴, 적응하랴
2. 받으랴, 접대하랴
3. 청소하랴, 정리하랴
4. 다듬으랴, 준비하랴
5. 얻으랴, 뽑으랴

3 -으나마

연습1

1. ②
2. ①

연습2

1. 부족하나마
2. 잠시나마
3. 이렇게나마
4. 미숙하나마
5. 조금이나마

15 날씨가 맑으면 좋으련마는 비가 오네요

1 -으랴마는

연습1

1. ③
2. ②

연습2

1. 나랴마는
2. 쉬우랴마는
3. 맛있으랴마는
4. 않으랴마는
5. 있으랴마는

2 -으련마는

연습1

1. ④
2. ③

연습2

1. 붙었으련마는
2. 직장이련마는
3. 보았으련마는
4. 좋았으련마는
5. 이겼으련마는

3 으로 말미암아

연습1

1. ③
2. ④

연습2

1. 비로 말미암아
2. 부정부패로 말미암아
3. 오해로 말미암아
4. 불황으로 말미암아
5. 전쟁으로 말미암아

16 놀라우리만치 과학이 발전하고 있어요

1 으로 하여금

연습1

1. ③
2. ②

연습2

1. 아이들로 하여금
2. 관객들로 하여금
3. 외국인으로 하여금
4. 회원들로 하여금
5. 남편으로 하여금

2   -으리만치

연습1

1. ③
2. ②

연습2

1. 보았으리만치
2. 못 자리만치/잘 수 없으리만치
3. 없으리만치
4. 싶으리만치
5. 읽었으리만치

3   -으리라(고)

연습1

1. ④
2. ③

연습2

1. 오리라고
2. 끊으리라고
3. 사람이리라고
4. 이겨내시리라고
5. 행복하셨으리라고

17   자기만 좋으면 그만이에요

1   -으면 그만이다

연습1

1. ①
2. ④

연습2

1. 있으면 그만이지
2. 행복하면 그만이지요
3. 좋으면 그만이라는
4. 떳떳하면 그만입니다
5. 사람이면 그만이에요

2   -으면 몰라도

연습1

1. ④
2. ③

연습2

1. 싸면 몰라도
2. 휴일이면 몰라도
3. 좋으면 몰라도
4. 받으면 몰라도
5. 내린다면 몰라도

3   -으므로

연습1

1. ②
2. ①

연습2

1. 예정이므로
2. 증정하고 있으므로
3. 있으므로
4. 준비되어 있으므로
5. 노력하였으므로

18   휴가는 고사하고 주말에도 못 쉬어요

1   은 고사하고

연습1

1. ③
2. ②

연습2

1. 장학금은 고사하고
2. 식사는 고사하고
3. 사과는 고사하고
4. 선물은 고사하고
5. 결혼은 고사하고

2 -은 나머지

연습1

1. ①
2. ③

연습2

1. 슬픈 나머지
2. 싼 나머지
3. 먹은 나머지
4. 놀란 나머지
5. 난 나머지

3 -을까마는

연습1

1. ②
2. ①

연습2

1. 나올까마는
2. 있을까마는
3. 찾을까마는
4. 했을까마는
5. 열었을까마는

19 오후에 비가 올 듯하니 우산을 챙기세요

1 -을 듯하다

연습1

1. ②
2. ①

연습2

1. 들어오실 듯하니
2. 나쁠 듯한데
3. 학생일 듯하네요
4. 미끄러울 듯하니
5. 어려울 듯해요

2 을 막론하고

연습1

1. ②
2. ③

연습2

1. 상황을 막론하고
2. 이유를 막론하고
3. 나이를 막론하고
4. 남녀노소를 막론하고

3 을 무릅쓰고

연습1

1. ③
2. ①

연습2

1. 창피를 무릅쓰고
2. 추위를 무릅쓰고
3. 반대를 무릅쓰고
4. 위험을 무릅쓰고

20 지나고 후회한들 무슨 소용이 있어요?

1 -은 채로

연습1

1. ②
2. ③

연습2
1. 못한 채로
2. 놓은 채로
3. 입은 채로
4. 선 채로
5. 열어 놓은 채로

2 −은들

연습1
1. ②
2. ①

연습2
1. 오른들
2. 잡은들
3. 갖춘들
4. 많은들
5. 의사인들

3 −을 따름이다

연습1
1. ④
2. ③

연습2
1. 감사할 따름입니다
2. 기쁠 따름이에요
3. 허무할 따름이네요
4. 샀을 따름이에요
5. 죄송할 따름이에요

21 재미없는 영화를 볼 바에야 그냥 쉴래요

1 −을 바에야

연습1
1. ③
2. ②

연습2
1. 읽을 바에야
2. 믿을 바에야
3. 빌릴 바에야
4. 혼날 바에야
5. 만날 바에야

2 −을 법하다

연습1
1. ①
2. ④

연습2
1. 많을 법한데
2. 느낄 법한데
3. 오를 법한데
4. 한가할 법한데

3 −을 여지가 없다

연습1
1. ④
2. ④

연습2
1. 잘못될 여지가 없습니다
2. 의심할 여지가 없습니다
3. 나올 여지가 없어요
4. 변명할 여지가 없어요
5. 생각할 여지가 없습니다

22 공부만 할라치면 잠이 와요

1 −을 지경이다

연습1
1. ②
2. ①

연습2
1. 쓰러질 지경이에요
2. 아껴야 할 지경이에요
3. 얼 지경이었어요
4. 빌릴 지경이에요

2 -을 턱이 없다

연습1
1. ④
2. ③

연습2
1. 모를 턱이 있겠어요
2. 했을 턱이 없어요
3. 좋을 턱이 없어요
4. 알 턱이 있어요

3 -을라치면

연습1
1. ②
2. ③

연습2
1. 할라치면
2. 읽을라치면
3. 볼라치면
4. 잘라치면
5. 먹을라치면

23 오래 전의 일이라 기억이 날락 말락 해요

1 -을락 말락 하다

연습1
1. ③
2. ④

연습2
1. 죽을락 말락
2. 나갈락 말락
3. 닿을락 말락
4. 보일락 말락

2 -을망정

연습1
1. ①
2. ②

연습2
1. 부모일망정
2. 실패했을망정
3. 못할망정
4. 살망정
5. 회사일망정

3 -을세라

연습1
1. ②
2. ①

연습2
1. 늦을세라
2. 먹을세라
3. 미끄러질세라
4. 다칠세라
5. 잃어버릴세라

24 걸어서 갈지언정 돈을 빌리지 않겠어요

1 -을지라도

연습1
1. ②
2. ①

연습2

1. 없을지라도
2. 나갔을지라도
3. 좁을지라도
4. 어릴지라도
5. 사람일지라도

2　-을지언정

연습1

1. ③
2. ④

연습2

1. 당했을지언정
2. 받을지언정
3. 공부할지언정
4. 불편할지언정

3　-을진대

연습1

1. ②
2. ①

연습2

1. 있을진대
2. 아플진대
3. 소중할진대
4. 됐을진대
5. 중요할진대

25　안 입는 옷을 버리자니 좀 아깝네요

1　으로 미루어

연습1

1. ③
2. ②

연습2

1. 날씨로 미루어
2. 상황으로 미루어
3. 실력으로 미루어
4. 관계로 미루어
5. 성격으로 미루어

2　-음에 따라(서)

연습1

1. ①
2. ③

연습2

1. 오름에 따라
2. 내려감에 따라
3. 벌어짐에 따라
4. 하락함에 따라
5. 이어짐에 따라

3　-자니

연습1

1. ②
2. ①

연습2

1. 그만두자니
2. 떠나자니
3. 참석하자니
4. 모으자니

동양북스 채널에서 더 많은 도서 더 많은 이야기를 만나보세요!

외국어 출판 45년의 신뢰
외국어 전문 출판 그룹
동양북스가 만드는 책은 다릅니다.

45년의 쉼 없는 노력과 도전으로 책 만들기에 최선을 다해온
동양북스는 오늘도 미래의 가치에 투자하고 있습니다.
대한민국의 내일을 생각하는 도전 정신과 믿음으로 최선을 다하겠습니다.